Chants de la Mère

Chants devotionnels de Sri Mata Amritanandamayi

Volume 3

Mata Amritanandamayi Center, San Ramon
Californie, États Unis

Chants de la Mère, Volume 3

Publié par :
Mata Amritanandamayi Center
P.O. Box 613
San Ramon, CA 94583
États Unis

————— *Bhajanamritam Volume 3 (French)* —————

Première édition par le Centre MA : août 2016

En France :
Ferme du Plessis
28190 Pontgouin
www.ammafrance.org

En Inde :
www.amritapuri.org
inform@amritapuri.org

L'importance du chant dévotionnel

Mes enfants, en ce *kali yuga* (âge sombre du matérialisme), pour obtenir la concentration, les *bhajans* (chants dévotionnels) sont plus abordables que la méditation. Si nous chantons à voix haute, nous oublions les bruits environnants, sources de distraction, et nous parvenons ainsi à nous concentrer. Les bhajans, la concentration et la méditation, telle est l'ordre de la progression. Mes enfants, garder le souvenir constant de Dieu, c'est la méditation.

Si les bhajans sont chantés avec concentration, ils seront bénéfiques pour le chanteur, pour l'auditoire et pour la Nature. À force d'écouter de tels chants, un réveil intérieur se produira.

Les bhajans sont une discipline spirituelle dont le but est de concentrer notre esprit sur notre divinité d'élection. Grâce à cette concentration, on peut se fondre dans le Divin et faire l'expérience de la béatitude de son véritable Soi.

Il importe peu que l'on croie en Krishna ou au Christ, en Kali ou en Marie, ou encore en un Dieu sans forme; on peut aussi méditer sur une flamme, une montagne ou sur la paix dans le monde, tout en chantant.

Chacun peut savourer la paix venant du Divin qui est en lui en laissant son esprit se fondre dans le son des chants divins.

Sri Mata Amritanandamayi

Guide de la prononciation

NB : Ces indications sont générales et imparfaites. Elles concernent surtout le sanskrit et le malayalam. Il est donc essentiel d'écouter attentivement la cassette ou le CD pour chanter correctement. Les chants en tamoul et en hindi se prononcent un peu différemment. Par exemple en tamoul, le c de la transcription se prononce comme celui de Céline en français et non tch :

Voyelles

A	comme	a	dans	Amérique
AI	comme	aï	dans	aïe
AU	comme	ao	dans	cacao
E	comme	é	dans	école
I	comme	i	dans	Italie
O	comme	o	dans	or
U	comme	ou	dans	choux

Consonnes

KH	comme	kh	dans	Eckhart en allemand
G	comme	g	dans	garage
H	comme	h	dans	harvest en anglais
GH	comme	gh	dans	loghouse en anglais
PH	comme	ph	dans	shepherd en anglais
BH	comme	bh	dans	clubhouse en anglais
TH	comme	th	dans	lighthouse en anglais
DH	comme	dh	dans	redhead en anglais
C	comme	tch	dans	Tchernobyl
CH	comme	ch-h	dans	staunch-heart en anglais
J	comme	dj	dans	Djibouti
JH	comme	dge	dans	hedgehog en anglais
Ñ	comme	ny	dans	canyon
Ś	comme	sh	dans	shine en anglais mais plus sifflé
Ṣ	comme	ch	dans	cher

Ṅ	comme	**ng**	dans	**sing,** (nasal) en anglais
V	comme	v	dans	**vallée**
ZH	comme	**rh**	dans	**rhythm** en anglais
Ṛ	comme	**r**	dans	**r'bouteux** (semi-voyelle)

Les voyelles surmontées d'un trait sont longues, elles se prononcent comme celles indiquées plus haut mais durent deux fois plus longtemps.

Les consonnes qui ont un point en-dessous (ṭ, ṭh, ḍ, ḍh, ṇ, l, ṣ) sont des consonnes palatales, qui se prononcent avec le bout de la langue contre le palais.

Ces mêmes lettres sans le point sont des consonnes dentales, qui se prononcent avec la langue à la base des dents.

Les doubles consonnes sont fréquentes, elles se prononcent et on doit les entendre.

Le ṭ sonne souvent un peu comme un ḍ ce qui n'est pas du tout le cas de ṭṭ qui sonne très dur. Si la personne qui chante est une femme il est parfois nécessaire de changer le genre des mots, par exemple *putran* (fils) devient *putri* (fille), *dasan* (serviteur) devient *dasi* (servante) et *makan* (fils) devient *makal* (fille). Il n'est pas possible de mentionner toutes ces variantes dans ce livre et le public francophone ne s'en apercevra pas. Si vous voulez chanter devant un public indien, vérifiez d'abord que le texte est correct.

ADHARAM MADHURAM (SANSCRIT)

Adharam madhuram vadanam madhuram
nayanam madhuram hasitam madhuram
Hṛdayam madhuram gamanam madhuram
mathurā dhipatē akhilam madhuram

Douces sont Tes lèvres, doux est Ton visage, doux sont Tes yeux, doux est Ton sourire, doux est Ton cœur, douce est Ta démarche,
O Seigneur de Mathura, tout en Toi est doux.

Vacanam madhuram caritam madhuram
vasanam madhuram valitam madhuram
Calitam madhuram bhramitam madhuram
mathurā dhipatē akhilam madhuram

Douces sont Tes paroles, douce Ton histoire, doux sont Tes vêtements, douce Ta présence, doux sont Tes mouvements, douces Tes errances,
O Seigneur de Mathura, tout en Toi est doux.

Vēṇur madhurō rēṇur madhuraḥ
pāṇir madhuraḥ pādau madhuraḥ
Nṛtyam madhuram sakhyam madhuram
mathurā dhipatē akhilam madhuram

Douce est Ta flûte, douce la poussière de Tes pieds, douces sont Tes mains, doux sont Tes pieds, douce est Ta danse, douce est Ton amitié,
O Seigneur de Mathura, tout en Toi est doux.

Gītam madhuram pītam madhuram
bhuktam madhuram suptam madhuram
Rūpam madhuram tilakam madhuram
mathurā dhipatē akhilam madhuram

Doux est Ton chant, doux est ce que Tu bois, doux ce que Tu manges et doux est Ton sommeil. Douce est la forme de Ton corps, douce est la marque de pâte de santal sur Ton front,
O Seigneur de Mathura, tout en Toi est doux.

Karaṇam madhuram taraṇam madhuram
haraṇam madhuram smaraṇam madhuram
Vamitam madhuram śamitam madhuram
mathurā dhipatē akhilam madhuram

Douces sont Tes actions, douce est Ta conquête, doux sont Tes larcins, doux est Ton souvenir, douces Tes offrandes, doux est Ton remède,
O Seigneur de Mathura, tout en Toi est doux.

Gumjā madhurā mālā madhurā
yamunā madhurā vīcī madhurā
Salilam madhuram kamalam madhuram
mathurā dhipatē akhilam madhuram

Doux est Ton murmure, douce Ta guirlande, douce est la rivière Yamuna, douces sont ses vagues, douce est son eau, douce est la fleur de lotus,
O Seigneur de Mathura, tout en Toi est doux.

Gōpī madhurā līlā madhurā
yuktam madhuram bhuktam madhuram
Dṛṣṭam madhuram śiṣṭam madhuram
mathurā dhipatē akhilam madhuram

Douces sont les gopis, doux sont Tes jeux divins,
douce est l'union de l'âme avec Toi, douces sont les expériences que Tu donnes, doux ce que Tu contemples, doux les restes de Tes repas, O Seigneur de Mathura, tout en Toi est doux.

Gōpā madhurā gāvō madhurā
yaṣṭir madhurā sṛṣṭir madhurā
Dalitam madhuram phalitam madhuram
mathurā dhipatē akhilam madhuram

Doux sont les petits pâtres, douces les vaches, doux sont Tes colliers de perles, douce Ta création, douces sont Tes victoires, douces Tes espiègleries,
O Seigneur de Mathura, tout en Toi est doux.

ĀDI DIVYA JYŌTI MAHĀ

Ādi divya jyōti mahā kāḷi mā namō...
Madhu śumbha mahiṣa marddini
mahā śaktayē namō

Je Te salue, Lumière divine et primordiale, O grande Mère Kali, salutations à la grande Puissance qui a anéanti les démons Madhu, Sumbha et Mahisha.

Brahmā viṣṇu śiva svarūpa
tvamna anyathā
Carā carasya pālikā
namō namaḥ sadā (2x)
Kāli mā namō

Tu es la forme même de Brahma, Vishnu et Shiva, il n'y a pas de différence entre eux et Toi. Toi qui protèges l'ensemble de la création animée et inanimée, sans cesse je me prosterne devant Toi, O Mère Kali, je Te salue !

ĀDIMŪLA PARAM JYŌTI

Ādimūla param jyōti āzhimātē ūzhimātē
ādiyantam ezhātuḷḷa samsṛti mātē samsṛti mātē
Vēdasāra pālkkaṭalil udicciṭum jñāna sūryan
andhakāram akattunna nāḷ varillennō nāḷ varillennō

O Lumière primordiale, O Mère de l'Univers !
Tu n'as ni commencement ni fin.
Viendra-t-il jamais, le jour où le soleil de la Connaissance védantique se lèvera, dissipant les ténèbres de mon ignorance ?

Kaṇṇunīril kaṭal cuttum niśvāsa kanal vātam
maṅgunnī dīpam ammē viracīṭunnu
Cuzhalavum cuzhalikkā taṭikkunnu naṭuṅgunnu
aṇayumī jīva dīpam kāttiṭuk ammē kāttiṭuk ammē

O Mère, les expériences sombres de la vie s'accumulent en orages qui menacent cette petite lumière (l'âme individuelle).
Elle s'affaiblit de plus en plus et risque de s'éteindre à tout instant.
O Mère pleine de compassion, daigne veiller sur elle.

Kaṭal tāṇṭi karapattān ōṭivaḷḷam mātram ammē
kūṭevannu tuṇaykkuvān ārumill ammē
Vīṭaṇayān piṭaykkumen ārtta nādam kēḷkuvānāy
entamāntam jaganmātē pettatāyallē pettatāyallē

Je n'ai rien, sinon ce petit canot, peu adapté à la traversée de l'océan (samsara). Je m'efforce désespérément d'atteindre le rivage et la sécurité du foyer mais personne n'entend mes appels à l'aide. Tu es ma Mère,
Celle qui m'a donné naissance. C'est sur Toi que je compte pour me sauver. Pourquoi tardes-tu à me venir en aide ?

Kuññe rumbin kālsva navum śraviccīṭum kṛpārāśē
ninṭe kuññin viḷi keḷkkān maṭiykka yennō

Viḷippōre rakṣa ceyyum gāyatrī dēvī nīyē
ennennum bhajikunnen śrī parāśakti śrī parāśakti

Tu es l'Océan de compassion, même le son émis par la plus petite des créatures ne t'échappe pas. Hésites-tu à répondre à l'appel de Ton enfant ?
Tu es la déesse Gayatri qui protège tous ceux qui sont dans le désarroi. Sans cesse, je T'adore, O Energie suprême !

ĀDYAMĀY AMMA DARŚANAM

Ādyamāy amma darśanam tannū
caitanya dhanyamām citra tilude
manassile nombaram tīrtutannū amma
amma tan vaśyamām driṣti yilūde
ādhyāmāy amma darśanam tannū

La première fois, c'est au moyen de sa photo, vibrante de Conscience divine, qu'Amma m'a accordé son darshan (Sa vision). Son regard captivant a guéri toute la souffrance et la douleur de mon cœur.

Āpattil ninn enne mōcitanākkiya
anubhavam ōrmayil otukki nirti
Ōru nāl ñān śrī vallikkāviletti
śri ammaye nērittu kānuvān

J'ai chéri cette expérience dans ma mémoire comme un trésor et elle m'a protégé de tout danger. Puis un jour, je suis venu à Vallickavu, voir Amma sous sa forme physique.

Tribhuvanam kākkunna māyā mahēśvari
tirtthātanan galil āyirunnu
Dēha milleṅgiḷum dēhitan sānnidhyam
darśana tullia muṇṭāyir unnu

Toutefois, la Déesse suprême, celle qui enchante l'univers et protège les trois mondes, était en voyage.
Cependant, en dépit de son absence physique, j'ai pu sentir sa présence, comme si Elle avait été là.

Kanivintē kalavara kaṇṭu mataṅgumbōl
karalil kulirma nirañu ninnu
Varunne rakṣaki nintē nāmam
vārttan kazhiyunna tetra punyam

Quand je suis rentré chez moi après avoir contemplé cette fontaine de compassion, mon esprit baignait dans une fraîcheur profonde et apaisante.
O Protectrice, Déesse vivante ! C'est uniquement grâce à de grands mérites (punya) que l'on peut réciter Tes noms, chanter Ta gloire.

AJAM NIRVIKALPAM

Ajam nirvikalpam nirākāram ēkam
nirānandam ānandām advaita pūrṇam
param nirguṇam nirviśēṣam nirīham
para brahma rūpam gaṇēśam bhajēma!

Seigneur Ganesh, je Te vénère, Toi l'Un non-né, immuable et sans forme,
Béatitude au-delà de la béatitude, le Tout sans dualité, le Suprême sans attribut, dépourvu de gunas (tamas, rajas et sattva), dont la forme est le Brahman suprême.

Guṇātīta mānam cidānanda rūpam
cidābhāsakam sarvagam jñāna gamyam
muni dhyēyamākāśa rūpam parēśam
para bhrahma rūpam gaṇēśam bhajēma!

Seigneur Ganesh, je Te vénère, Toi dont la nature transcende tous les gunas, dont la forme est connaissance et béatitude, pure Conscience omniprésente, qui prend des formes multiples, Toi que l'on ne peut atteindre que grâce à la connaissance et sur qui méditent les ascètes, Toi dont la forme est l'espace, Dieu suprême, dont la forme est le Brahman suprême.

Jagad kāraṇam kāraṇa jñāna rūpam
surādim mukhādim guṇēśam gaṇēśam
jagadvyāpinam viśva vandyam surēśam
para bhrahma rūpam gaṇēśam bhajēma!

Seigneur Ganesh, je Te vénère, cause primordiale du monde, forme de la Connaissance, qui est la cause ultime, Toi qui es né du visage des dieux
(Parvati regarda Shiva et conçut ainsi Ganesh),
Seigneur des attributs, Toi qui imprègnes l'univers entier,
Toi que les dieux vénèrent et dont la forme est le Brahman suprême.

AKATĀRIL ARIVINTE

Akatāril aṛivinte
naṛukānti parattum
anupama guṇa sadanē
amṛtēśvari ammē

O Mère Amriteshvari !
Tes vertus sont incomparables, dans le sanctuaire du cœur,
Tu fais briller la lumière de la Connaissance !

Prakṛtē kṛtasukṛtē
gatiyaruḷuka cira sukhadē
Avirāmam mama hṛdi nī
teḷiyuka manaḥ sukhadē

O Toi dont les actions sont nobles et saintes ! Toi qui es bénie !
Guide-moi vers le but éternel de la Réalisation.
Brille à jamais dans mon cœur,
O Toi qui donnes le bonheur intérieur !

Ānanda ttiratalli
ātmāvil nirayū
ātaṅkakkaṭal tāṇṭān
pāram tuṇayaruḷū

Remplis mon être tout entier, afin que se lèvent en moi les vagues de la béatitude,
Aide-moi à traverser l'océan de la souffrance.

Anaghē mṛdu hasitē
nutapari pālana rasikē
Praṇavē tava śubha dāyaka
prabha yennil coriyū

Déesse pure et sans péché, tendre est Ton sourire, Tu es heureuse de protéger ceux qui s'abandonnent à Toi.
O Mère, incarnation du Om, répands sur moi Ta lumière favorable.

AKHILA MĀṆAMMA

Akhilam āṇamma ātma jñānamāṇamma
ānandam varṣikkum meghamāṇamma
Āśīrvādam tarum ārdra yāṇamma
amari yāṇamma amṛtānandamayi yāṇamma

Amma est tout, Amma est la connaissance du Soi ;
es nuages qui déversent une pluie de béatitude sont Amma ;
c'est Amma qui accorde des bénédictions.
Mère est immortelle, Elle est l'Incarnation de la béatitude immortelle.

Manassu koṇṭamma tan pādattil sparśicāl
hṛdayattil darśanam nalkum
Urukunna karaḷumāy guru nāmam uruviṭṭāl
arikil vannāśvāsam aruḷum amma

Si mentalement vous touchez les pieds d'Amma, vous recevrez dans votre cœur Son darshan. Si vous murmurez le nom du guru, le cœur douloureux, Amma viendra vous consoler.

Duḥkhaṅgaḷ tirumumbil kāṇiykka veykkukil
dānamāy dhairyam pakarnnu tarum
Janmavum karmavum janmattin kaṭamayāy
muṭaṅgāte tuṭarān paṛaññutarū

Si vous offrez vos chagrins à Amma, Elle vous donnera courage. Mère, apprends-moi comment vivre, comment accomplir mon devoir à chaque instant.

ĀLAYA MAṆIŌSAI KĒKKUDAMMĀ

Ālaya maṇiōsai kēkkudammā kēkkudammā
Āṇḍhavan kuṛaḷ nammai azhaikkutammā azhaikutammā
Aruḷmiku jyōti onru tōntutammā... ammā
Ārumukham atilē kāṇudammā kāṇudammā

O Amma, les cloches du temple sonnent, la voix de Dieu nous appelle.
Une lumière divine apparaît et dans cette lumière, on peut voir le dieu Muruga à six têtes.

Ōrāru mukhamum īrāṛu karamum
maravātu tuṇai nintu kākkudammā
Uyirāki uṭalāki uyir jñāna pazhamāki
guruvāki āṭkoḷḷum daivam ammā daivam ammā

Le dieu Muruga aux six visages et aux douze bras nous protège toujours sans faillir. Il est devenu notre vie, notre corps, la connaissance éternelle du Soi et le guru qui nous accorde refuge.

Muttāna muttu kumarā murukayyā vā vā
cittāṭum selva kumarā sintai-makizha vā vā

O cher enfant Muruga, perle entre toutes les perles, viens vite.
Cher enfant Muruga, viens vite jouer dans mon cœur
et m'apporter la béatitude intérieure.

Nīyāṭum azhakai kaṇṭu vēlāṭi varuku tayyā
Vēlāṭum azhakai kaṇṭu mayilāṭi varuku tayyā
Mayilāṭum azhakai kaṇṭu manamāṭi varuku tayyā
Mana māṭum azhakai kaṇṭu makkaḷ kūṭṭam varuku tayyā

En voyant Ta danse merveilleuse, O Muruga, Ton javelot divin se met à danser.
En voyant le javelot danser, Ton paon se met à danser.
En voyant la beauté de la danse de Ton paon, mon cœur aussi déborde de béatitude.
Les dévots, attirés par cet état de béatitude, se rassemblent.

Pannīril kuḷikka vaittu paṭṭāṭai uṭukka vaittu
Candanattāl cānteṭuttu aṅkam ellām pūśivaiyttu
Nīrpūśi tilakam vaittu neñcattil unnaivaiyttu
Anpu pūtta malarā lunnai arccippēn varuvāy appā

Après T'avoir baigné d'eau de rose parfumée et vêtu de soie,
je T'applique de la pâte de santal, de la cendre et un tilak sur le front.
Puis je T'installe dans mon cœur et je Te vénère en offrant des fleurs fraîchement épanouies. Je T'en prie, viens, O Muruga !

AMBA BHAVĀNI NIN AMBHŌJA

Amba bhavāni nin ambhōja nētrattin
santatānanda prakāśa dhāra
Ennila harnniśam samddīptam ākuvān
nin kazhalttār tozhunn ennum ennum

O Mère Bhavani, pour que m'illumine nuit et jour le flot de lumière béatifique qui émane de Tes yeux de lotus, je m'incline constamment à Tes pieds de lotus.

Sanmantra divya dhvani kaḷil tiṅgiṭum
nin dhanya snēha pīyuṣa rēṇu
Jīva cētassil patiunna matrayil
ragādi vairikal māññu pōkum.

Quand la goutte du nectar de l'amour contenue dans la vibration divine des mantras tombera sur ma conscience, alors les maux et les chagrins de ma vie s'évanouiront.

Amba nin pādara vindam thozhum hṛttil
samsāra paṅkam puraṇṭī ṭumō ?
Ānanda tundila nāvaṭṭe innu ñān
nin prēma sindhuvil muṅgi muṅgi.

O Mère ! Un cœur offert à Tes pieds peut-il être entaché
par le moindre désir pour les choses de ce monde ?
Puissé-je devenir aujourd'hui même ivre d'amour
et plonger encore et encore dans l'océan de Ton Amour.

AMBĀṬI KAṆṆĀ

Ambāṭi kaṇṇā ambāṭi kaṇṇā
ponnambāṭi kaṇṇā vā

O Kanna, Toi qui demeures à Ambadi, cher Kanna, viens !

Marataka maṇiyaṇi kiṅgiṇi kaivaḷa
kālttaḷa māril pūttā liyumay (Ambāṭi...)
varikari kanpoṭu gōpika māruṭe
karava layattil amarnu mayaṅgum.
ambāṭi kaṇṇā. (Ambāṭi...)

O Kanna, Toi qui portes une ceinture sertie d'émeraudes, des bracelets aux poignets et aux chevilles ainsi qu'une guirlande de fleurs, daigne venir près de moi,
Toi qui dors dans les bras des gopis.

Varik arikil vanamāli vaikāte varik arikil vanamāli
Gōpa vadhu jana mānasa
yamunā tīra vihārī... tīra vihārī

O Vanamali (Celui qui porte une guirlande de fleurs sauvages), viens à moi sans tarder,
Toi qui joues dans le cœur des gopis, sur les rives de la Yamuna.

Gōvardhana giridhari gōpāla kṛṣṇa murārī
Sapta svaramaya jatikaḷ viṭartum
nṛtta mutirkkān ettuka nīyen
hṛttil orukkiya vēdiyil vēgam...
ambāṭi kaṇṇā... (Ambāṭi...)

O Gopala! O Krishna! O Murari,
Toi qui as soulevé le Mont Govardhana.
O Kanna d'Ambadi ! Viens vite sur la scène de mon cœur,
viens en dansant au son de la musique.

Ōṭi varu nanda bālā arikil
ōṭi varu gōpa bālā
Ōmkāra poruḷ pāṭi yuṇarttum
muraḷī gāna vilōlā... muraḷī gāna vilōlā

Accours vers moi, O fils de Nanda, O petit pâtre, viens,
Toi qui éveilles la signification du son Om (la Conscience suprême) grâce au son de Ta flûte.

Rāsa līla lōla kaṇṇā varunī gōkula bālā
Māmaka jīvita sangītāmṛta dhārayil āṭi pāṭi
kaḷiccu rasiccu varū nī... ambāṭi kaṇṇā...
(Ambāṭi...Marakata...)

Viens, O Kanna, Toi que ravit le jeu de la rasa lila,
O enfant chéri de Gokul,
viens jouer, rire, T'ébattre dans la rivière, danser et Te réjouir,
viens dans le flot de nectar qu'est la musique de ma vie.

AMBĒ MĀ JAGADAMBĒ MĀ

Ambē mā jagadambē mā (2x)
Amṛtāmayī ānandamayī amṛtānandamayī mā...
Śāntimayī suhāsamayī amṛtānandamayī

Mère du monde, immortelle et établie dans la béatitude,
Mère de la paix, Mère aux sourires merveilleux, Amritanandamayi.

Me hum anāth tū hī mātā
Māyātītā sadguru mātā
Vēd purān tū hī gītā
Amṛtāmayi ambē mā...
Ambē mā jagadambē mā...

Je suis orphelin, Tu es ma Mère, Mère est le véritable maître,
au-delà de maya (l'illusion cosmique).
Tu es les Védas et les Puranas,
Tu es aussi la (Bhagavad) Gita.

Vānī vīṇā pāni brahmāni
Lakṣmī nārāyaṇi mā kalyānī
Triśūla pāṇi ambā bhavāni
Amṛtāmayi ambē mā... Ambē mā jagadambē mā...

Déesse de la parole (Sarasvati) Tu tiens la vina, épouse du dieu Brahma, déesse Lakshmi, épouse de Narayana (Vishnu), Toi qui accordes ce qui est propice, épouse de Shiva, Tu tiens le trident.

AMBIKĒ JAGADĪŚVARĪ

Ambikē jagadīśvarī paramēśvarī karuṇamayī
ārttanādam itonnu kēḷkkuva tinnu nī kanivēṛumō
Ēntinī vidham entinī vidham entinī vidham ambikē
ninte kuññine niṣṭhuram kadanattil iṭṭu valaykkaṇam

O Ambika, soutien de l'univers ! Souveraine suprême, Toi qui es compatissante ! Daigneras-Tu dans Ta bonté entendre ce cri désespéré ? Pourquoi Mère, pourquoi te montres-Tu impitoyable ? Pourquoi fais-Tu passer cet enfant par des souffrances sans fin ?

Andhanā oru piñcu paitale andha bhūviler iññu nī
māṛi ninnu rasicciṭunn atin entu nyāyam itambikē
Onnum onnum ariññiṭā tati dīnanā yoru kuññite
krūrajīvika ḷērumī vanabhūvil entinu taḷḷi nī

Comme il est injuste de Ta part, O Mère, de rester ainsi à l'écart après avoir jeté ce bébé aveugle dans ce monde de ténèbres, et de savourer le spectacle ! Pourquoi as-Tu poussé cet enfant innocent, naïf et impuissant dans cette jungle remplie de bêtes cruelles ?

Atbhutā vaham āyikam tava sṛṣṭilīla naṭappatil
ēnne nī baliyākkiṭunn oru krūramām vidhiyentinō
Prēma rūpiṇi alivezhunn avaḷ ennu pēru pukazhnna nī
ēnneyiṭṭu valacciṭunn atin entu kāraṇam īśvarī

Tu as fait de moi Ton bouc émissaire afin de mettre en scène ta pièce, où abondent la magie et les mystères !
Tel est sans doute mon destin, si cruel !
N'es-Tu pas réputée être "l'incarnation de l'amour",
"Celle dont le cœur déborde de compassion" ?
Alors pourquoi me persécutes-Tu ainsi ?

Ambikē jagdiśvarī paramēśvarī karuṇāmayī
ēnnu teṅguvatinnu mātrame innenikku kazhiññiṭū
Ñānorēzha janiccu pōy tava paitalāy jagadambikē
rakṣayō atō śikṣayō tava niścayattin adhīnamē

Maintenant je ne peux qu'appeler "Ambike, Jagadishwari, Parameshwari, Karunamayi."
Malheureux que je suis, il m'a fallu naître Ton enfant.
O Mère de l'univers, maintenant,
viens à mon secours ou commets un infanticide, Tu es libre de choisir !

AMMĀVAI PĀRKKA PŌKALĀM

Ammāvai pārkka pōkalām
anta ānanda jyōtiyai kāṇalām
ellōrum śērntu pāṭalām
nām entrumē ānandam tēṭalām

O allons, allons rencontrer Amma, voir cette Lumière de béatitude.
Chantons ensemble et cherchons partout cette béatitude.

Ēzhaikaḷkkum śelvarukkūm orē oru ammā
siru varukkum peri yavarkkum sonta inta ammā
Mētaikaḷkkum pētaikaḷkkum
bhēdam illa jagadamba, amma...(sans reprise)
evaraiyum kāppātti tuṇaiyi ruppāḷ jagadambā

Pauvres ou riches, jeunes ou vieux, nous n'avons qu'une seule Mère, qui aide et protège chacun. Pour la Mère universelle, il n'y a pas de différence entre les érudits et les illettrés.

Tāṅkāta sōkattāl taḷarum tan makkaḷai
tōḷil aṇaittu tazhuviṭuvāḷ ammā
Ōyātai kaṇṇīrum tuṭai
tiṭuvāḷ jagadamba, amma...
oru nimiṭam āvatu calitti ṭāmal inta amma

Amma étreint, prend sur son épaule ceux qui vacillent sous le poids d'un chagrin insupportable, et elle leur prodigue ses conseils.
Sans cesse, sans prendre un seul moment de repos et sans éprouver la moindre aversion, la Mère universelle essuie nos larmes.

Jāti enṭrum matam enṭrum ūrētum bhēda millai
kaṭavuḷ illā pōruḷai eṅkum kāṇavē muṭiya villai
Karuṇai enṭra nilaimai eṅkum
varavēṇṭum enna amma, amma...
kaṭal kaṭantu pāṭi varuvāḷ ulakam
eṅkum paṛantu chenṭru

Sans se soucier des castes ou des religions, sans distinguer entre bons et mauvais,
incapable de rien percevoir comme séparé de Dieu, Amma franchit les océans et voyage dans le monde entier, chantant et répandant le message de la compassion.

AMMAYĒ KAṆḌU ÑĀN

Ammayē kaṇḍu ñān - ānandam koṇṭu ñān
unmayil ellām maṛannirunnu
Kaṇkaḷil nōkki ñān kāruṇya raśmitān
nirmala dīptiyil muṅgiyallō

Dès que j'ai vu Amma, j'ai plongé dans la Béatitude ; je me suis oublié dans la pure Existence. En regardant dans ces yeux pleins de compassion, j'ai été immergé dans une lumière pure et brillante.

Attiruvāy mozhi muttukaḷokkeyum
cittam kulir piccatāyirunnu
Duḥkhaṇgaḷ ellām maṛannen manassātma
satyattil appōḷ layiccirunnu

Les paroles sacrées et apaisantes qui tombaient de Ses lèvres apportèrent la fraîcheur à mon âme. Oubliant ses chagrins, mon esprit se fondit dans le Soi.

Ōmana makkaḷē ennu viḷikkumbōḷ
kōḷmayir koḷḷātta makkaḷuṇṭō
Ā naṛum puñciri pāl nukkarnnī ṭavē
ānanda nirvṛti āraṭayā... ammē...

Existe-t-il un être au monde qui ne soit pas comblé quand Amma l'appelle : "Mon enfant chéri ?" En savourant l'ambroisie de son sourire maternel, comment ne pas entrer en extase ?

AMMĒ AGĀDHAMĀY

Ammē agādhamāy ennōṭu kāṭṭiya
prēma kāruṇyatte ōrttu tēṅgi
ōrkunpōḷ inneni kāśvāsam ēkuvān
mādhuryam ōlumā cinta mātram

O Amma, je verse des larmes en songeant à l'amour profond et à la compassion dont Tu m'as comblée. Les tendres souvenirs des moments passés près de Toi sont aujourd'hui ma seule consolation.

Ōnnenik ēkū nīyenne piriññetra
dūramō pōyālum vēṇṭatilla
nin prēma mādhurya māvōlam nalkiyā-
gōpiye pōleyā bhāvamēkū!

Si Tu me quittes pour aller dans des pays lointains,
je n'en serai pas affligée.
Je Te demande cependant une faveur : fais de moi une gopi,
m'accordant en abondance le nectar de Ton amour.

Nin makkaḷ santatam cārē vasikkilum
iṅgum uṇṭennōrkor ēzha makkaḷ
ninne piriyuvān en vidhi yeṅkilum
nin cinta tannenne dhanya nākkū!

Bien que Tes enfants soient toujours à Tes côtés, je T'en prie,
rappelle-Toi qu'ici aussi, il y a une enfant abandonnée.
Bien que mon destin soit d'être séparée de Toi,
bénis-moi afin que je pense constamment à Toi.

Viśvam maṛannu nin cintā saraṇiyil
vismariccī ṭaṭṭe sarvvavum ñān
oṭṭum paribhavam kāṭṭila nī pōyāl
gōpikā prēmam nī htannupōkil

Perdue à ce monde, ne songeant qu'à Toi, puissé-je tout oublier.
Même si Tu me quittes, je ne serai pas déçue si Tu m'accordes
d'éprouver l'amour des gopis (pour Krishna).

AMMĒ AMMĒ AMṚTĀNANDAMAYĪ

Ammē... ammē... amṛtānandamayī
Ammatan sannidhiyil aruma kiṭāṅgaḷ tan
anantakōṭi namaskāram

O Mère Amritanandamayi, en Ta divine présence,
Tes enfants se prosternent des millions de fois.

Kūriruḷ cūzhunna pātakaḷil ñaṅgaḷ
nērvazhi ariyāt alayumbōḷ
Nal kuḷir anpiḷiyāy amma vann udikkunnu
nērāya mārgam teḷiyunnu (2x)

Alors que nous errons sur des chemins obscurs,
enveloppés par les ténèbres,
cherchant à tâtons la voie juste, Amma apparaît,
telle la pleine lune, et éclaire notre route.

Duḥkhaṅgaḷ ākunna ghōra vanāntarattil
ēzhakaḷām makkaḷ karayumbōḷ
Karuṇatan iḷamkāttāy vannamma tazhukunnu
kadanaṅgaḷ ñaṅgaḷ maṛakkunnu (2x)

Lorsque nous, enfants impuissants, pleurons dans cette effrayante forêt de chagrins, Amma vient nous caresser avec la brise de sa compassion et nous oublions toutes nos souffrances.

AMME AMRITĀNANDAMAYĪ

Amme amṛtānandamayī āśrayam nīye jananī
vismaya rūpiṇī viśva vilāsinī omkāra porullalle nī?
prapañca nanmayum tinmayum ulkkonda
pratyakṣa caitanyam alle nī?

Mère Amritanandamayi, Tu es notre refuge !
N'es-Tu pas l'essence du Om,
Celle qui nous émerveille, Celle dont les jeux ont pour théâtre le monde entier ? N'es-Tu pas la Réalité manifestée qui contient en Elle le bon et le mauvais qui coexistent dans la création ?

Manam urukumbol māyāvi āyettum
mānava rakṣakiyalle nī?
Janmattin porul marttyanu pakarān
janicca oralbhutam alle nī?

Quand le mental est en effervescence, n'es-Tu pas Celle qui accourt et nous sauve comme par magie ? N'es-Tu pas la pure Merveille qui a choisi de naître parmi nous dans la seule intention de nous enseigner le véritable sens de la vie ?

Kannanu kaliyātān karatalam ākkiya
kālattin tapasvini alle nī?
Karuṇā tan uravinum kaliyude varavinum
kāranam ariñavall alle nī?

N'es-Tu pas l'Incarnation de l'ascèse, Toi qui as réussi à faire apparaître Kanna (Krishna) Lui-même pour qu'Il vienne jouer avec Toi ?
Fontaine de compassion, n'es-Tu pas Celle qui connaît la raison des phénomènes étranges du Kali yuga ?

Viśva trimūrtikal vīticu nalkia
vīryam nukarnnavall alle nī?
Śaktiyum lakṣmiyum ādiyum maruvunn
sparśana sāyūjyamalle nī?

N'as-Tu pas siroté le nectar concocté spécialement pour Toi par Brahma,
Vishnu et Shiva, chacun y ayant mis une portion égale de divinité ?
N'es-Tu pas bénie par le regard plein de grâce de Lakshmi et de Shakti ?

Kailāsattile bhaktiyum muktiyum
kavarnna kāncanayalle nī?
Vaikunthattile vaśyata muzhuvan
vahicca mohini yalle nī?

Par Ta suprême dévotion, n'as-Tu pas capturé l'Essence de la dévotion et de la Libération, préservée à Kailasa (la demeure de Shiva) ? Mohini (enchanteresse), Tu personnifies toutes les gloires de Vaikuntha (la demeure de Vishnu).

Sarva pradāyini śatru samhārini
rudira mahā kāliyalle nī?
Brahmānda nāyaki śri parameśwari

N'es-Tu pas la grande déesse Kali, qui accorde toutes les faveurs, qui détruit les ennemis sur la voie spirituelle ? N'es-Tu pas la Puissance suprême et primordiale, la déesse suprême de l'univers ?

AMṚTA PADATTIL ANAYKKUKA

Amṛta padattil aṇaykkuka ñaṅgaḷe ammē snēhamayī
amṛtapureśvari dēvī bhavānī amṛtānandamayī
amme... amṛtānandamayī

O Mère Amritanandamayi, déesse Bhavani, toujours pleine d'amour,
dont la demeure est Amritapuri, nous T'implorons, guide-nous vers l'état d'immortalité.

Amṛta padam tava pāda sarōjam tāyē praṇavamayī
Aṭi paṇiyun nī makkaḷ satatam
ammē priya jananī (sans reprise)
Ammē priya jananī ammē...
ammē priya jananī (unisson)

O Mère chérie, Incarnation du Om,
Tes pieds de lotus sont la demeure de l'état d'immortalité,
Tes enfants se prosternent devant Toi éternellement.

Nīla sarōruha ramyam nin mukham ānandābja vikāsam
Samsāra smṛti nīkkum nin madhu rūpam divya layam
Janma śataṅgaḷ arukkum nin
kṛpa tūkum nayana yugam (sans reprise)
Prēma spandita vimala sukōmaḷa
hṛdayam madhura mayam

Ton visage a la beauté enchanteresse du lotus bleu et il rayonne de béatitude.
Devant la vision de Ta forme charmante et divine, tous les soucis ayant trait au monde s'évanouissent. Tes regards pleins de compassion
ont le pouvoir de briser les liens créés au cours de centaines de vies.
Ton cœur pur déborde d'amour divin, unique en est la douceur.

Anava ratam jana durita vipāṭana muditē karuṇarase
Akhila janārchita vandita caraṇē durge guṇa nilayē
Niṛakatir aṛivām iruḷ inn
oḷiyām ammē jñānamayī (sans reprise)
Nirvṛti dāyaka tava pada
kamaḷam abhayam mama jananī

O Déesse miséricordieuse,
Tu es sans cesse occupée à consoler Tes dévots ;
O Durga, aux attributs divins, Toi que tous vénèrent...
Incarnation de la Connaissance suprême et de l'Amour universel,
Lumière devant laquelle les ténèbres s'évanouissent sans laisser de trace.

Śrī laḷitē lasitōjjvala vaibhava mahitē brahmamayī
Śrī paramēśvari pārvati bhairavi viśva prēma mayī
Śrī kari śri dhari pūrṇṇa
sanātani parama dayāmayi śakti (sans reprise)
Śrī caraṇāmbu ruham mama
śaraṇam amṛtānandamayī

O Amritanandamayi, Tu es la déesse Lalita (qui joue à créer, préserver et détruire le monde),
Tu as l'éclat de mille soleils, Incarnation de l'Absolu, déesse Parvati, Bhairavi et Shakti,
Puissance primordiale, Plénitude éternelle, Toi qui accordes ce qui est propice et dont la compassion est sans égale, Tes pieds sont mon refuge !

AMṚTA RŪPIṆI

Amṛta rūpiṇi mṛdusu bhāṣini
abhaya dāyini vandanam
Abhaya dāyini vandanam
Amṛtē vandanam

Nous saluons la déesse qui nous protège et parle avec douceur,
Celle dont la forme est immortalité.

Janaka nandini jana nirañjini
jani vināśini vandanam
Sakala suramuni vidhiniṣēvini
sughana śyāmala mālini (2x)

Nous saluons la fille de Janaka, Celle qui purifie tout et nous permet de ne plus renaître.
Sage parmi les dieux, Toi qui détruis le destin, Toi qui es belle et pure.

Prakṛti kārini durita vārini
praṇata rakṣaki vandanam
Amṛita vāhini jaya maheśvari
śiva kuṭumbini vandanam (2x)

Nous saluons la cause de la Nature, Celle qui détruit le malheur.
Tu protèges ceux qui se prosternent à tes pieds et s'abandonnent à ta volonté,
Toi dont la demeure est l'immortalité, Déesse victorieuse,
Tu appartiens à la famille de Shiva.

AMṚTAMAYĪ ĀNANDAMAYĪ

Amṛtamayī ānandamayi amṛtānandamayi
jai mā jai mā jai mā jai mā
Vēdamayi sudhāmayi amṛtānandamyi
amba śrīguru satcinmayi (2x)
Jai mā jai mā jai mā jai mā

amritamayi, anandamayi	Mère immortelle, Mère de Béatitude
amritanandamayi	Amma, Mère de la Béatitude immortelle
vedamayi, sudhamayi	Mère des Védas, pur nectar
amba sriguru	Mère et guru
satcinmayi	Incarnation de la Vérité et de la Conscience

Kṛpāmayi amba karuṇāmayi amṛtānandamayi mā
Amba tējōmayi jyōtirmayi
Prēmamayi dayāmayi amṛtānandamayi
amba dīṇā nukambā mayi(2x)
Jai mā jai mā jai mā jai mā

kripamayi, karunamayi	Mère pleine de grâce et de compassion
tejomayi, jyotirmayi	Mère radieuse, qui rayonne de lumière.
premamayi, dayamayi	Mère d'amour et de miséricorde
amba dina nukamba mayi	Mère qui déborde de compassion envers les malheureux

AMṚTĀNANDAMAYI SADGURU MAMA JANANI (VARUVĀN)

Amṛtānandamayi sadguru mama janani (2x)
Varuvān amāntam innentenn ambikē
paitalin rōdanam kelkkāttatō
piṭayunnu hṛdayam ninnuṭe vērpāṭil
takarunnu ñan taḷarunu

O satguru Amritanandamayi, Tu es ma Mère ! Pourquoi tardes-Tu à venir aujourd'hui, Mère, n'entends-Tu pas les pleurs de Ton enfant ?
Cette séparation me laisse épuisé, le cœur desséché.

Ēkāntatayil ērunna cintayil
ēriyunnu nān piṭayunnu
Vingumen hṛttil nin
pratīkṣatan kiraṇaṅgaḷ
maṅgunnu ñān kēzhunnu

Des pensées se bousculent, je suis en proie au tumulte intérieur. Je brûle, je tremble de solitude. Mon cœur à vif voit s'évanouir l'espoir et je pleure.

Vaikarutammē ī kuññine kāttiṭān
uḷḷil teḷiyukennammē
Ende ī janmattin
sāphalyam ennennum
nī tanne ammē nī tanne

Ne tarde plus à venir près de Ton enfant. O Mère, Tu es le but de ma vie ;
lorsque je sentirai Ta présence dans mon cœur, je serai comblé.

AMṚTĒŚI DIŚATU SAUKHYAM

Amṛtēśi diśatu saukhyam
ānanda pūrṇa jananī
akhilēśi madhura vāṇi
vandanam pada paṅkajē

O Mère de la Béatitude, je T'en prie, montre-moi le chemin du bonheur.
O Déesse de l'univers, Toi dont les paroles sont douces,
je me prosterne à Tes pieds de lotus, O Amriteshi !

Paramēśi haratu śōkam
kailāsa nātha ramaṇī
sakalēśī lasatu hṛdayē
santatam hṛdi cintayē

O Déesse suprême, qui réjouit le Seigneur de Kailash (Shiva), efface mes souffrances. O Déesse universelle,
viens demeurer en mon cœur qui ne songe qu'à Toi.

Kaḷavāṇī jayatu kāḷī
kāruṇya pūrṇṇa jananī
hṛdayēśī jayatu vāṇī
mangaḷam śubha mandirē

O Mère pleine de compassion ! O Kali, à la douce voix, victoire à Toi !
O Déesse qui réside en mon cœur et le remplit de ce qui est propice, O Sarasvati, victoire à Toi !

AMṚTEŚVARI AMMĒ SUKṚTEŚVARI

Amṛteśvari ammē sukṛteśvari
akhilam niraññu nilkkum paramēśvari
tavanāda gamgayil aliyunnu ñan
tirumumbil sāyūjva mariyunnu ñan

O déesse Amriteshvari, Tu inspires les actes vertueux,
Tu es omniprésente.
O Puissance suprême, je me fonds dans le flot de Tes mélodies.
En Ta présence, je trouve la plénitude.

Ātmāvin niramāya jagadīśvari
aviṭutte dayavāṇen jayamīśvari
kadanattin irul nīkkum karuṇāmayī
karalin karalāṇu nī cinmayī

O Mère universelle, Tu es le refuge de mon âme.
Ta miséricorde est pour moi la victoire.
O Déesse compatissante,
Toi qui disperses les ténèbres de la souffrance, pure conscience,
Tu es le cœur de mon cœur.

Kārmēgha niramārnna kālīśvari
karppūra dīpamāṇen manamiśvari
tripurēśvari ammē sarveśvari
tṛppadam mātramāṇen gatiyīśvari

Mère Kali, Tu as la couleur sombre des nuages.
Mon cœur brûle comme le camphre.
O Mère, Déesse de tous les mondes,
Tes pieds sacrés sont mon seul refuge.

AMṚTĒŚVARI JAGADĪŚVARI

Amṛtēśvari jagadīśvari
surapūjitē śaraṇam (3x)

O Amriteshvari, Déesse de l'univers, Toi que les dieux vénèrent, accorde-moi refuge.

Ati mōhanāmga rūpam
amṛtēśi divya rūpam
mati mōhanāmga rūpam
hṛdi jyōtirātma rūpam

Ta forme enchanteresse est un ravissement pour l'esprit ;
Ta forme est divine, comme la lumière du Soi dans le cœur.

Madhuram nirañña nāmam
amṛtēśvarī divya nāmam
Puḷakam vitacca nāmam
amṛtatva siddhi nāmam

Ton nom est plein de douceur ; il mène à l'immortalité.
C'est un nom captivant, un nom divin.

Navarāga bhakti dharmam
amṛtēśvari prēma dharmam
sakalārtti nāśa dharmam
caturveda sāra dharmam

Le dharma (conduite juste) d'Amriteshvari est l'amour suprême, c'est le dharma de la dévotion (bhakti) composé des neufs nuances (rasas).
C'est aussi le dharma qui détruit la prolifération des désirs et qui contient l'essence des Védas.

Jagadarttha mōcakārttham
amṛtēśi śaśvatārttham
Nara lakṣya dāya kārttham
puruṣārttha sādhyam arttham

Le nom « Amriteshvari » conduit au but de la vie humaine : la Libération du cycle des naissances et des morts. Il accorde ce qui est éternel.

Muni mānasāntya kāmam
paramārtma vastu kāmam
paripūṇṇa kāma kāmam
parituṣṭi puṣti kāmam

Tu es le désir ultime que nourrit le cœur des ascètes : le désir de la Vérité, celui qui exauce tous les autres et confère la béatitude éternelle.

Laya mānasāpta mōkṣam
viṣayārtti jāla mōkṣam
paramātma dātumōkṣam
amṛtēśī jīva mōkśam

Tu es la Libération que connaissent ceux dont le mental s'est dissout ; Tu nous délivres de la foule des soucis liés au monde, Tu nous accordes le Soi suprême. O Amriteshi,
Tu es la Libération de toute la création.

Bhuvana pradīpu jyōti
hṛdayān trastha jyōti
Laya sṛṣṭitatva jyōti
amṛtēśi brahma jyōti (Amṛtēśvari...)

Tu es la Lumière qui illumine le monde, celle qui brille dans la « grotte du cœur ». Tu es la Lumière responsable de la création, de la préservation et de la destruction.
O Amriteshi, Tu es la Lumière de Brahman (la Réalité suprême) !

AMṚTĒŚVARI MĀ AMṚTĒŚVARI

**Amṛtēśvari mā amṛtēśvari mā (he śārade mā)
ajñanata se hamē par dē mā**

O Mère Amriteshvari, daigne nous emmener au-delà de l'état d'ignorance.

**Tu swar kī devi ho sangīt tujh sē
har śabdh tērā hē har git tujh sē
Ham he akele ham hai adūre
tere śaran me hame pyār de mā**

Tu es la Déesse du son, de Toi émane toute musique,
tous les sons ont leur origine en Toi. Nous sommes abandonnés, nous sommes incomplets. Nous venons chercher refuge en Toi. Daigne nous accorder Ton amour.

**Muniyon ne samajhe guniyon ne jāne
vedom ki bhāsha purānom ki vāni
Ham hē kya samejhe ham hē kya jāne
vidyā ka hamko adhikār de mā**

Les sages, les êtres réalisés, connaissaient la Réalité
et nous ont transmis leur expérience au travers des Védas et des Ecritures. Nous T'en prions, rends-nous dignes de recevoir cette connaissance.

**Tu śvēt [śyām] varṇṇi dēvōm ki dēvī
hathōm mē vīṇā galē mē sumālā
Manasē hamārē miṭhā dē andhērā
Ham ko ijālom ka sansār dē mā**

O Mère, Tu as le teint clair/sombre, déesse que les dieux vénèrent.
Tu tiens la vina (luth indien) et Tu es parée d'une guirlande.
Daigne dissiper les ténèbres de notre mental. Accorde-nous une vie remplie de lumière.

AMṚTĒŚVARI SUSMITA

Amṛtēśvari susmita candra mukhī
aruṇābha sugātri jaga jananī
kamalō pama nētri kṛpāla harī
caraṇābhaya dātri sucārumatī

O Amriteshvari, Ton visage rayonne comme la pleine lune,
Ton sourire est radieux ! O Mère universelle, dont la forme
resplendit comme le soleil levant ! O Déesse aux yeux de lotus,
Océan de grâce, Toi qui nous offres le refuge de Tes pieds,
O Toi qui es pure !

Karuṇāmṛta vāridhi kalpalatē
kavitāmṛta varṣiṇi kāvyakalē
Varadā bhaya dāyini vandyapadē
śaraṇāgata pālini pāpa harē

O Toi l'arbre qui exauce les désirs, Océan du nectar de la compassion !
Toi qui répands l'ambroisie de la poésie, Toi qui es la Poésie même,
Tu accordes refuge à ceux
qui se prosternent à Tes pieds de lotus adorables
et s'abandonnent à Toi, Toi qui détruis leurs péchés.

Svararūpi sarasvati nādamayī
śiva kāmini śaṅkari rāgavatī
Sukhadātri surēśvari sarvvamayī
śubha mūrtti śivaṅkari haimavatī

O Sarasvati, Incarnation des mots et des sons, Bien-aimée de Shiva,
Toi qui es propice et remplie d'amour, Toi qui apportes la joie,
déesse que les dieux vénèrent, Toi qui es devenue tout ce qui existe,
Incarnation de la pureté, Toi qui accordes ce qui est favorable,
O déesse Haimavati (fille d'Himavan) !

Śiva rūpiṇi śāmbhavi śaila sutē
śrutirūpi surārccita pādayugē
Śama dāyini śarvari viśvanutē
bhava bhañjani bhairavi bhāvaghanē

O Parvati, épouse de Shambu (Shiva), Toi qui prends la forme de Shiva et celle des Védas, Toi dont les pieds sacrés sont vénérés par les dieux,
Toi qui accordes l'équanimité et que le monde entier adore,
Tu détruis le samsara (cycle des naissances et des morts)
O Bhairavi, dont les manifestations (bhava) sont divines.

AMṚTĒŚVARI VANDANAM

Amṛtēśvari vandanam
jagadīśvari vandanam
patitāvani vandanam
paramēśvari vandanam

O Amriteshvari, Déesse de l'immortalité, nous Te saluons !
O Déesse de l'univers, Toi qui élèves la conscience des créatures impuissantes, nous Te saluons, nous saluons la Déesse suprême !

Caturānana nandinī
śaraṇāgata pālinī
bhavabhīti vibañjinī
muni mānasa rañjinī
Amma amma amma amma...

O Fille du dieu aux quatre visages (Brahma, le créateur) !
Toi qui protèges ceux qui prennent refuge en Toi...
Tu détruis la peur née de notre attachement au monde...
Tu mets la joie et le bonheur dans le cœur des sages...

Karuṇā rasa sāgarē
kavitāmṛta dāyikē
nigamāgama varṇṇitē
nikhilāmara pūjitē
Amma amma amma amma...(Amṛtēśvari...)

O Océan de Miséricorde ! Toi qui confères le génie poétique, Toi que décrivent les Védas et les Tantras, Toi que vénèrent les immortels.

Sakalāmaya hāriṇī
śaraṇāgata pālini
mṛtijanma vimōcini
śruti mantra vihāriṇi
Amma amma amma amma...

O Toi qui effaces toute souffrance ! Tu protèges ceux qui prennent refuge en Toi,
Tu détruis le cycle des naissances et des morts,
Tu es l'essence des Védas et des mantras.

Naḷinī daḷa lōcanē
nayanāmṛta vigrahē
mṛdu mōhana susmitē
jaya dēvī namōstutē
Amma amma amma amma...(Amṛtēśvari...)

O Déesse aux yeux de lotus ! Ta forme est un nectar pour les yeux,
Ton sourire est doux et enchanteur !
Victoire à Toi, Déesse, nous Te saluons !

ĀNANDA RŪPIṆI AMMĒ ENIKKU

Ānanda rūpiṇi ammē enikku nī
anandam entē vilakki
Ātma prakāśam niraññа nityānanda
nirvṛti entē muṭakki

Incarnation de la Béatitude, pourquoi m'as-Tu refusé la Béatitude ? Pourquoi ne m'as-Tu pas accordé la plénitude de la Béatitude éternelle, qui brille de la lumière du Soi ?

Amme...amme...amme amṛtāndamayi
jagadambe amṛtānandamayi
Andhatamō laya lōkam viḷakkiṭum
candrika pōloḷiyālē
Enn aka kūriruḷ nin naṟum puñciri
māykkān maṭikkayō tāyē (2x)

O Mère, Tu es le clair de lune qui illumine les ténèbres de l'ignorance, pourquoi hésites-Tu à disperser les ténèbres de mon mental avec les rayons lumineux de Ton sourire radieux ?

Ñān ñān ninaccu ñān ñānām kayaṅgaḷil
tāṇu maraññiṭum munpē
Ennuṇ mayāḷe kṛpāvaśam enne nī
ninnōṭu cērttu rakṣikku (2x)

A cause de la notion du « moi, moi, moi »,
je sombre dans les abîmes de l'ego.
O Mère, Tu es mon véritable Soi ! Je T'en prie, fais preuve de compassion et laisse-moi me fondre en Toi avant que je me noie.

Kōṭisūrya prabha onnāy viṭarnniṭum
prēma saundarya tiṭambē
Ātma harṣaṅgaḷ kananta raśmikkakam
ñān nin mṛdu smitamākām

O Beauté extatique de l'Amour pur !
Ta forme a l'éclat de millions de soleils !
Puissé-je être Ton doux sourire, parmi les rais infinis de la béatitude du Soi !

ANĀRĀ VINĀRĀ

Anārā vinārā (3x)
Veṅkata ramanūni cū cārā mīru
Veṅkata ramanūni cū cārā

Rādhā mōhana veṅkaṭaramaṇā
Gōpāla gōvinda veṅkaṭaramaṇā (2x)
Veṅkaṭaramaṇā sankata harana
Veṅkaṭaramanūni cū cārā mīru
Veṅkaṭaramanūni cū cārā

Anārā vinārā (2x)
Gōvinda gōvinda veṅkaṭaramaṇā
Gōvinda hari veṅkaṭaramaṇā
Gōvinda gōvinda veṅkaṭaramaṇā (2x)
Gōvinda hari veṅkaṭaramaṇā (3x)

Anātha nātha veṅkaṭaramaṇā (2x)
Āpat bhāndava veṅkataramaṇā
Gōpāla govinda veṅkaṭaramaṇā (2x)
Gōvinda hari veṅkaṭaramaṇā (3x)

Śrīnivāsa veṅkaṭaramaṇā
Seshādri nilayā veṅkaṭaramaṇā
Ādi nārāyaṇa veṅkaṭaramaṇā

Jaya govinda veṅkaṭaramaṇā
Hari gōvinda veṅkaṭaramaṇā

Veṅkaṭaramaṇā sankata harana
Veṅkaṭaramaṇūni cū cārā mīru
Veṅkaṭaramaṇūni cū cārā

ANNAIKKU NĪRĀṬṬA VĒṆṬUM

annaikku nīrāṭṭa vēṇṭum – nānum
ābhiṣēkam pala seyya vēṇṭum
tirumēni nān tuṭaikka vēṇṭum
tikazhāṭai uṭuttiṭavum vēṇṭum

Je vénère mon Amma bien-aimée en La baignant avec des offrandes sacrées puis en essuyant Son corps divin et en La revêtant de beaux vêtements, purs et parfumés.

kaṇṇukku mai tīṭṭa vēṇṭum– nānum
kavin netri pōṭṭiṭavum vēṇṭum– vaṇ
malar mālai nān sūṭṭa vēṇṭum – nal
vaḷaiyaṇikaḷ nān pūṭṭa vēṇṭum

Je dessine le contour de Ses yeux, puis je place un beau point (bindi)
entre Ses deux sourcils ; ensuite je Lui offre une guirlande colorée et orne Ses poignets de bracelets étincelants.

annai tanai alaṅkarikka vēṇṭum
avaḷ pādam namaskarikka vēṇṭum
irupāda cilambaṇiya vēṇṭum
iruntazhakai nān rasikka vēṇṭum

Après avoir ainsi paré ma Mère bien-aimée, je me prosterne à Ses pieds bénis, je les adore en Lui mettant des bracelets de cheville, puis je m'assieds et je contemple Sa beauté.

Ōm śakti ōm śakti ōm ōm
śiva śakti jaya śakti ōm
aṭimalarai arccikka vēṇṭum – nānum
āratti arppikka vēṇṭum
tiruppāda pūjai seyya vēṇṭum - dinam
pūttūvi vaṇaṅkiṭavum vēṇṭum

Après avoir adoré Ses pieds sacrés, j'accomplis l'arati (adoration avec du camphre enflammé) à sa gloire.
Chaque jour, j'effectue le rituel d'adoration de Ses pieds sacrés et y dépose des fleurs avec dévotion.

Ōm śakti ōm śakti ōm ōm
śiva śakti jaya śakti ōm
uṇṇanān uṇavūṭṭa vēṇṭum
uvappōṭu atai pārkka vēṇṭum
paruka nān nīr taravum vēṇṭum
paṇiviṭaikaḷ nan seyya vēṇṭum

Avec grande joie, je nourris ma Mère si belle et Lui offre de l'eau fraîche et douce. Je La sers en faisant tout le nécessaire.

pozhutellām arikirukka vēṇṭum
pon pōle pōtriṭavum vēṇṭum
uṭaniruntu viḷaiyāṭa vēṇṭum
oru kōṭi muttam tara vēṇṭum

Je passe toute la journée en sa compagnie, je joue avec Elle et Lui donne d'innombrables baisers, je La chéris comme un trésor inestimable.

tāyavaḷin aruḷ pārvvai ventum
dharani tanil tuyarnīṅka ventum
tālāṭṭu pāṭiṭavum vēṇṭum
taṅkamavaḷ kaṇṇayara vēṇṭum

Que Son regard enchanteur et gracieux se pose sur moi, afin que mes chagrins et mes souffrances disparaissent à jamais, telle est mon aspiration et ma prière.
Je vais chanter une berceuse et laisser notre Amma adorée se reposer un moment.

Ārāri rārāri rārō....ārāri rārāri rārō.....

ANPIYANNAMBA

Anpiyann amba pūntēn...mazhapōle
mandahāsam pozhicu
andhakāram tutacu akatāril ambā
nī tān vasikkū!

O Mère si aimante, de Ton sourire, véritable pluie de miel, chasse les ténèbres de mon cœur et daigne en faire Ta demeure.

Antaram gattil ammē...nirantaram
cinta ceyyunnu ninne
santat ānanda dāyi dayāmayī
bandhurāmgi namastē!

Je médite constamment sur Toi dans mon cœur, O Amma !
O Incarnation de la Béatitude éternelle, de la Compassion, de la Beauté, nous Te saluons !

Uḷḷam malarkke-yennum...turannu ñan-
uḷḷilotuṅgi nilkkē
uḷkaḷam śōbhayetti prakāśikkū
ulpala nīlanētrē!

Le cœur grand ouvert, sans cesse, je T'attends ; daigne apporter la lumière dans mon cœur et y briller, O Mère aux yeux de lotus bleu !

Snēhalābham tiraññu...nirutsāha
bhāvamuḷḷil kaviññu!
dūradūram tiraññu...taḷarnnu ñan
dīnadīnam karaññu

Le cœur désespéré, j'ai parcouru le monde entier en quête d'amour puis, épuisé, j'ai pleuré de douleur.

Kaṇṇu nīrilla kaṇṇil...karayuvān-
āvatill ētum ammē!
kanmaṣatīyil ente...karaḷkānpu
katti yamarni-ṭūnnu

Je n'ai plus de larmes, je ne peux même plus pleurer.
Mon for intérieur se consume dans le feu de mes péchés.

Kāruṇya māri tūki...parādhīna
śoka bharaṅgaḷ nīkki
snēhāmritam pakarnnen...hridayatte
śrīpāda pīthamākkū!

Mère, répands la pluie de Ta miséricorde et délivre-moi de ces liens et de ce chagrin illusoires. Remplis mon cœur du nectar de l'amour et fais-en un piédestal pour Tes pieds sacrés.

Vēṇṭa svarlōkasaokhyam...varānanē
vēṇṭa saobhāgya-lābham
vēṇṭatēkānta bhakti...jaganmayi
vēṇṭatajñāna mukti

O Déesse au beau visage, ni le bonheur des mondes célestes ni les richesses ne m'importent. Je ne veux que la dévotion pour Toi.
O Déesse omniprésente dans tous les mondes, je veux être libéré de l'ignorance.

Nāvil nin nāma mantram...mahēśvari
kātil nin divya nādam
kaṇṇil ānanda bāṣpam...kṛpāmayi
uḷḷil nin dhanya rūpam

O grande Déesse ! Que ma langue répète sans cesse Ton nom, que mes oreilles entendent sans cesse Ta voix,
que mes yeux versent des larmes de béatitude et que Ta forme divine demeure toujours dans mon cœur, O Déesse pleine de grâce !

ANPUM ARUḶUM

Anpum aruḷum initē aḷittiṭum
amṛtānandamayī dēvī

O Amritanandamayi, Toi qui accordes l'Amour,
la grâce et tout ce qui est bénéfique !

Amma untan tuṇai vēṇṭi
ēṅkiṭum ennai kaṇpārttu
Anpuṭtan jñāna pālūṭi amma
akattil iruḷai pōkkiṭuvāy

O Mère, j'implore Ton aide ; daigne donc m'accorder un regard. Avec amour, nourris-moi du lait de la Connaissance et disperse mes ténèbres intérieures.

Tumbaṅkaḷ tīrkkum tūmaṇiyē enṭrum
tūyavar uḷḷattil oḷirpavaḷē
Nanṭrum tītum ariyā ennai
kālam muzhutum kāttiṭuvāy

Toi qui détruis le chagrin, Tu demeures en secret dans le cœur des dévots. Daigne me protéger, moi qui ne sais pas discerner ce qui m'est bénéfique de ce qui me nuit.

Idaya kōyilil uraipavaḷē
uyirāy uṇarvvāy iruppavaḷē
Imai pozhutum unnai maravā tirukka
pozhin tiṭuvāy untan pēraruḷai

O Toi qui demeures dans le temple de mon cœur,
Tu es ma vie, ma vibration intérieure ; daigne m'accorder
Ta grâce afin que toujours je ressente Ta présence.

ANUTĀPAM VAḶARUNNU

Anutāpam vaḷarunnu manamāke piṭayunnu
arutī-vidham agatikkoru gati yēkuka bhagavan

Le chagrin s'empare de moi, mon mental est fatigué.
O Seigneur, daigne épargner à cet orphelin un tel destin !

Mōhaṅgaḷ perukunnu dēhamitō taḷarunnu
āruṇṭivan avalambam nīyallāt ulakil

Les illusions se multiplient, le corps aussi se fatigue,
qui d'autre que Toi me donnera refuge ?

Sukṛtattin balamilla prakṛtattin mikavilla
durita kaṭal nīntān nin kṛpa tūvuka śivane

O Shiva ! Mes mérites sont insuffisants, ma conduite est médiocre, daigne répandre sur moi Ta grâce afin que je puisse traverser l'océan de la souffrance !

Paramārppaṇa bhāvattin ponkiraṇa prabhatūki
bhava rōga timirattinn iruḷ nīkkuka śivane

O Shiva ! Daigne m'accorder la faveur suprême d'un abandon total à Ta volonté !
Que la cécité intérieure qui me condamne à renaître toujours disparaisse à jamais !

Hara śaṅkara śiva śaṅkara bhava śaṅkara bhagavan
śiva śaṅkara hara śaṅkara bhavanāśaka bhagavan

ARIVUKKUM ARIVĀNA

arivukkum arivāna ammā– eṅkaḷ
amṛtānandamayī ammā
ariyā piḷḷai kaḷai kāppāy nī– untan
anpālē onṭrāy cērppāy

Tu es la Connaissance suprême, notre Mère Amritanandamayi ! Protège Tes enfants ignorants et unis-les par Ton amour.

pārkkinṭra iṭamellām nīyē!
pari pūrṇṇa ānandam nīyē
sērkkinṭra tōṇiyum nīyē!– dēvī
sintaiyil vanta marvāyē

Où que nous regardions, c'est Toi seule qu'en réalité nous voyons. Tu es Béatitude éternelle. Dévi, Tu es le bateau qui nous sauve du naufrage et nous permet d'atteindre la rive. Tu T'épanouis dans notre cœur.

onṭrēyānāy palavānāy
ovvoru uyirum nīyānāy
nanṭrēyānāy nalamānāy– dēvī
nallavarkk ēnṭrum uravānāy

Tu es l'Un suprême et aussi la multiplicité. Tu imprègnes toutes les formes de vie. Tu agis comme une parente envers les êtres justes.

kanṭrai pōla ōṭi vantāl
kanindaruḷ surakkum pasuvānāy
enṭrum unnai pōtrukinṭrōm
emakkaruḷ amṛtapuri tāyē

Tu répands Ta grâce quand nous accourons comme de petits veaux vers leur Mère qui les allaite. Nous chantons Ta gloire à jamais. Daigne répandre Ta grâce divine, O Mère d'Amritapuri !

ARIVUM ABHAYAVUM

Arivum abhayavum aruḷunn ammē
amṛtānanda suramyē....
teḷiyuka cemmē tikavezhum ammē!
Sukha sandāyini ammē..! sukha sandāyini ammē..!

O Amma, Beauté de l'immortelle Béatitude ! Toi qui accordes Connaissance et protection, daigne manifester Ta présence, O Mère, Toi qui es parfaite, Toi qui donnes toutes les joies !

Abhiruci bhēdam ariññ anuvāsaram-
anubhava bhēdam uṇartti
Maruvu naviṭunn amṛtamayi pala
bhāva rasaṅgaḷ uṇartti (2x) (reprendre ā Abhiruci...)

Tu accordes sans cesse aux dévots des expériences en accord avec leurs goûts variés. Brille en moi, O Béatitude. Le jeu de Tes expressions et de Tes manifestations possède d'innombrables facettes.

Nirayuka nīyenn akamalaril tū-
vamṛtāya nupadam ammē!
Paṭaruka nīyen sirakaḷi luṇarvvin
pulari katirā yammē! (2x) (reprendre ā Nirayuka...)

O Mère, remplis constamment mon cœur du Nectar divin et, pareille aux rayons de l'aurore qui éveillent la vie, imprègne chaque atome de mon corps.

Karaḷin kamala daḷaṅgaḷil ninmṛdu
pada tārūnnaṇam ammē!
Karuṇārdrā yata nayanam jīvanū
tuṇayāy tīraṇam ammē ! (2x)

O Mère, puissent Tes doux pieds briller dans les pétales du lotus de mon cœur ; que Tes yeux rayonnants de compassion soient le support de ma vie.

ĀRŌTU COLLITUM

Ārōtu collitum en manō vēdana
amma kēttitān maticītukil
Aśwāsam ēkuvan āruvann ītumen
amma anangāt irunnitukil

Si Mère n'est pas prête à m'écouter, à qui donc confierai-je mes souffrances intérieures ?
Qui d'autre viendra me réconforter, si Mère refuse de faire un geste ?

Amritam koticilla amarā purikalum
ammatan vatsalya mē koticu
Innatin śikṣa ñān ēttuvāng ituvān
nīri pukañu dahicitunn en

Je ne désirais ni l'immortalité, ni les palais célestes. Je n'aspirais qu'à l'amour de Mère. Je brûle d'une souffrance intolérable, comme si j'étais puni.

Nin prēmam ninnotu prēmam atonnilen
pūmanam vāsanta ramyam ammē
Samsāra grīshma maruvil kariñitān
pūmulla tallola pūm palike

Les fleurs de Ton amour pour moi et de mon amour pour Toi
embellissent mon jardin intérieur, évoquant le début du printemps.
Ne laisse pas cette fleur de jasmin se dessécher
dans la chaleur torride du cycle des réincarnations (samsara).

Innu vannītume ippozh ettītume
ennamma ennu ñān kattiruppū
Nīrumī jīvante dīrga niśvāsattin
āśvāsam amma tan manda hāsam

O Mère, chaque jour, chaque instant, j'attends et j'espère Ta venue.
Ton tendre sourire est le seul soulagement, l'unique réconfort face à cet intolérable mal de vivre.

ĀṬIṬUVŌM NĀMUM ĀṬIṬUVŌM

Āṭiṭuvōm nāmum āṭiṭuvōm
kaṇṇanuṭan sērntu āṭiṭuvōm
pāṭiṭuvōm nāmum pāṭiṭuvōm – anta
bālaka nin pukazh pāṭiṭuvōm

Dansons, dansons avec Kanna (l'enfant Krishna)
et chantons joyeusement Sa gloire pour l'éternité.

Ānanada nin mukham kaṇṭiṭuvōm
ānanda kaṭalil mūzhkiṭuvōm
Anaittum maṟantu ninṯrīṭuvōm
abhyam nīyenṯre kūṟiṭuvōm

En voyant le visage de l'Incarnation de la béatitude,
plongeons dans l'océan de béatitude, oubliant tout, cherchant refuge en Lui.

Vṛndāvanamām enṭran neñcil
pullāṅkuzhalisai purikinṭrāy
Cendāmarai kaṇ koṇṭavanē – un
Cevvitazh rādhai nān tānē

O Krishna ! Dans le Vrindavan de mon cœur,
Tu joues Ta ravissante musique.
O Enfant aux yeux de lotus ! Je suis Ta Raddha aux lèvres de corail.

Kṛṣṇa harē...jaya kṛṣṇa harē...

ĀVŌ MĒRĒ NANDALĀL

Āvō mērē nandalāl... āvō mērē nandalāl...
Rādhā pukkārē tujhē...
Āvō mērē nandalāl...

Viens, je T'en prie, O Nandalal (Krishna) je T'appelle, moi, Ta Radha.

Tērē sivā mē jīnahī pāvūm
suddh buddh man kī mē khō jāvūm
Kyā nahi rādhā śyām kī pyārī
ab tō lauṭṭāvō murārī

Sans Toi, O Seigneur, je ne peux survivre, je perds conscience bien souvent. Ne suis-je pas très chère à Ton cœur, Krishna ?
Je T'en prie, reviens, O Murari !

Tērē yādhōmē pikalttī rahīhē
śyām kī rādhā rōttī rahīhē
Ōr vilamb nahō giridhārī
dūr karō duḥkh hamārī

Je fonds, je brûle, je pleure en T'appelant, mes pensées ne vont que vers Toi. O Seigneur, ne tarde plus, daigne mettre fin à mes souffrances.

BAHUT TARASĀ

Bahut tarasā tēri darśan kō
Āvōgi kab mēri mā mēri mā

O comme j'aspire à recevoir Ton darshan ! O ma Mère, quand viendras-Tu ?

Ōr nahi sahāra kōyi
dēdō śaraṇ mēri mā

Je n'ai d'autre soutien que Toi, O Mère, prends-moi sous Ton aile.

Nahi tap dhyān nahi niṣṭhā
mē kyā jānū tēri mahimā
Dē kar bhakti mā mēri
cuḍhāvō bandhan is sansār kī

Austérités, méditation, discipline, je n'ai rien de tout cela.
Que puis-je connaître de Ta gloire ? O Mère, délivre-moi des liens du samsara en m'accordant la dévotion.

Rāh dēkhu har kṣaṇ tērī
andhērē man ke sāyē mē
Dēr na kar nā mā mēri
ghabarā huvā hē putr tērā

J'attends Ta venue à chaque instant dans les ténèbres de mon cœur.
O Mère, ne tarde plus, Ton fils est en proie à la peur.

Kissekē kahumē duḥkh apni
kōn hē mērā tēre sivā
Mā... ō... mā pukārē mērā man
anāth ki vināti sunōgi kab

A qui confierai-je ma douleur ? Qui ai-je d'autre que Toi ? « Mère ! O Mère ! » tel est le cri de mon cœur.
Prêteras-Tu jamais attention aux pleurs de cet orphelin ?

BHAJŌ RĒ BHAJŌ

Bhajō rē bhajō kṛṣṇa harē rām
Gōvinda gōpāla kṛṣṇa harē rām
Mādhava mōhana kṛṣṇa harē rām

Chantons « Krishna, Hare Ram », chantons
« Govinda, Gopala, Krishna, Hare Ram... »

Hē madhusūdana bhava bhaya bhañjana
harē prēm mantra bōlō kṛṣṇa harē rām

O Toi qui as tué Madhu, Toi qui détruis la peur de renaître !
Chantons le mantra de l'amour « Krishna, Hare Ram. »

Gōvinda gōpāla kṛṣṇa harē rām
mādhava mōhana kṛṣṇa harē rām

Govinda Gopala Krishna Hare Ram, Madhava, Mohana Krishna, Hare Ram.

BRAHMA MURARI (SANSCRIT)

Brahmā murāri surārccita lingam
nirmmala bhāṣita śōbhita lingam
janmaja duḥkha vināśana lingam
tat praṇamāmi sadāśiva lingam

Je me prosterne devant le Shivalingam[1] éternel vénéré par Brahma, Vishnu et les êtres de lumière (dieux), le lingam qui génère sa propre lumière, pure, le lingam qui détruit les souffrances inéluctables de la vie humaine.

[1] Le Shivalingam, symbole de Shiva, est la représentation la plus ancienne et la plus simple du dieu Shiva (dieu qui transcende tous les attributs et toutes les formes). Le lingam est généralement en pierre, de forme elliptique, au sommet arrondi, non figuratif.

Dēva muni pravarārccita lingam
kāma daham karuṇā kara lingam
rāvaṇa darppa vināśana lingam
tat praṇamāmi sadāśiva lingam

Je me prosterne devant l'éternal Shivalingam que vénèrent les dieux et les sages.
Le Shivalingam est plein de compassion et il nous délivre du désir sensuel.
Il a anéanti l'orgueil de Ravana (un roi-démon qui avait enlevé Sita, la sainte épouse de Rama).

Sarvva sugandi sulēpita lingam
buddhi vivarddhana kāraṇa lingam
siddha surāsura vandita lingam
tat prāṇamāmi sadāśiva lingam

Je me prosterne devant le Shivalingam oint d'une profusion de parfums, qui contribue au développement de l'intellect, qui est vénéré par les êtres parfaits, par les dieux (suras : êtres de lumière) et les démons (asuras).

Kanaka mahāmaṇi bhuṣita lingam
phaṇipati vēṣṭita śōbhita lingam
dakṣasu yajña vināśana lingam
tat praṇamāmi sadāśiva lingam

Je me prosterne devant l'éternel Shivalingam paré d'or et de joyaux, qui porte en guirlande Vasuki (le roi des serpents), qui a détruit le sacrifice de Daksha (Daksha était le beau-père de Shiva).

Kumkuma candana lēpita lingam
paṅkaja hārasuā śobhita lingam
sañcita pāpa vināśana lingam
tat praṇamāmi sadāśiva lingam

Je me prosterne devant l'éternel Shivalingam décoré de vermillon (kumkum) et de santal, paré d'une guirlande de lotus resplendissante,
Celui qui détruit tous les karmas accumulés.

Dēva gaṇarccita sēvita lingam
bhāvair bhakṣi bhirēvaca lingam
dina karakōṭi prabhākara lingam
tat praṇamāmi sadāśiva lingam

Je me prosterne devant cet éternel Shivalingam que servent les dieux et autres êtres subtils, que l'on vénère en cultivant l'attitude intérieure juste (l'amour et la dévotion) et qui a l'éclat de cent millions de soleils.

Aṣṭa dalōpari vēśṭita lingam
sarvva samud bhava kāraṇa lingam
aṣṭa daridra vināśaka lingam
tat praṇamāmi sadāśiva lingam

Je me prosterne devant cet éternel Shivalingam qui se dresse au centre d'un lotus à huit pétales, d'où émerge tout ce qui est,
qui détruit les huit sortes de pauvreté.

Suragura suravara pūjita lingam
suravana puṣpa sadārccita lingam
parātparam paramātmaka lingam
tat praṇamāmi sadāśiva lingam

Je me prosterne devant cet éternel Shivalingam vénéré par le guru des dieux avec les fleurs des jardins célestes ; Il est le Suprême,
Ce qui est au-delà de tout et dont la nature est le Soi.

Lingāṣṭakamidam puṇyam
yaḥ paṭhētśiva sannidhao
śiva lōkam avāpnōti
śivēna saha mōdatē

Celui qui chante cet hymne sacré en présence de Shiva (dans le temple de Shiva, devant le Shivalingam, absorbé dans la conscience du Soi) atteint la demeure de Shiva et savoure avec Lui tous les plaisirs célestes.

CINNA CINNA

Cinna cinna padam vaiyttu
kaṇṇā nī vā vā vā
maṇi vaṇṇā nī vā vā vā

O mon enfant chéri ! Mon petit au teint sombre!
Viens en trottant sur Tes petits pieds !

Vaṇṇa vaṇṇa uṭai uṭuttu
kaṇṇā nī vā vā vā
maṇi vaṇṇā nī vā vā vā

O mon enfant chéri ! Petit au teint sombre !
Viens, vêtu d'habits colorés !

Mallikai mullai malarālē
arccanai śeyvōm vā vā vā
Mādhavanē... Kēśavanē...
Yadavanē nī vā vā vā

Nous allons offrir des prières avec des fleurs de jasmin.
O Madhava, viens ! O Yadava, viens !

Draupadi mānam kāttavanē
aṭiyarkk aruḷiṭa vā vā vā
Kārazhakā... Maṇivaṇṇā...
Kaṇṇā nī vā vā vā

Toi qui as sauvé la chasteté de Draupadi, viens bénir Tes dévots.
Viens, viens, viens, Kanna ! Cher Kanna au teint sombre !

Kaṇṇil teriyum kāzhci yellām
kamala kaṇṇā un tōttram
Kālam ellām... Un aruḷai...
Vēṇṭukirōm nī vā vā vā

O Enfant dont les yeux évoquent les pétales du lotus ! Nous ne voyons que Ta forme.
Nous T'appelons, viens ! Nous implorons Ta bénédiction pour l'éternité.

DARŚANAM AMBIKĒ MŌHANAM

Darśnam ambikē mōhanam
sparśanam kāḷikē pāvanam
Vigraham tāvakam śyāmaḷam
ugrasa tvōjvalam kōmaḷam
Darśnam ambikē mōhanam (sans reprise; chorus unisson)

Ton darshan est enchanteur, O Mère ! O Kali ! Ton contact purifie.
Ta forme sombre a beau avoir un aspect terrible,
elle est resplendissante et fascinante.

Ambikē tāvakam vīkṣaṇam
pāpa nirmōcakam bhāsuram
Indu manda smitam sundaram
santatānanda sandāyakam
Santatānanda sandāyakam (sans reprise; chorus unisson)

O déesse Ambika ! Ton regard détruit les péchés et il est bénéfique.
Ton sourire a la splendeur de la lune, il est bienveillant et confère le bonheur éternel.

Kāmadam mōkṣadam tvatpadam
jñāna kalpa drumam śāntidam
Śuddha satyātmakam śāśvatam

saccidānanda mām daivatam
Saccidānanda mām daivatam (sans reprise; chorus unisson)

Tes pieds sacrés comblent tous les désirs et accordent la Libération.
Ils sont l'arbre qui exauce tous les souhaits, la demeure de la paix,
la forme éternelle de la Vérité, l'Être suprême, l'Existence,
la Connaissance et la Béatitude.

Vāraṇam samsṛti māraṇam
kāraṇam dēvitē smāraṇam
Santatam kāḷikē vandanam
śaṅkari dēhimē mangaḷam
Śaṅkari dēhimē mangaḷam (sans reprise)
Santatam... (2x) (unisson)

O Déesse ! Cultiver Ton souvenir engendre la destruction de toute existence temporelle,
O Kali ! Je me prosterne à jamais devant Toi, O Shankari !
Accorde-moi tout ce qui est bon et propice.

DĒ DARŚAN MĀ DĒVĪ (HINDI)

Dē darśan mā dēvī mā ambē mā bhavāni mā (2x)

O Mère divine, bénis-moi en m'accordant Ta vision.

Riśtenāte bhandhanu jhūṭe
saccā he bas pyar tērā
Sathān mān dhan yē bhi cūṭe
Saccā hē bas sāth tērā (reprendre ā Sathān...)

Toutes les relations et tous les liens en ce monde sont illusoires. La seule vérité est Ton amour, O Mère. Positions sociales élevées, richesses, tout cela passera, c'est certain. Seul notre lien avec Toi est réel (permanent).

Jai jai mā... jai jai mā... jai jai ma...
Dē darśan mā dēvī mā ambē mā bhavāni mā...
Bhavsāgar se ham ko bacālo
isa jīvan ko dhanya bānālo
Gōdh me tēre ham ko basālo
Param prēm mā ham me jagādo (reprendre ā Gōdh)

Sauve-moi de l'océan des morts et des renaissances. Fais que cette vie soit bénie, O Mère. Garde-moi toujours sur Tes genoux divins. Eveille en moi la source d'Amour divin.

Jai jai mā... jai jai mā... jai jai ma...
Dē darśan mā dēvī mā ambē mā bhavāni mā...

DĒVĪ MĀTĒ

Dēvī mātē jai janani mā
dīna nāthe amṛtamayi mā

Victoire à la Mère, victoire à la Déesse,
à la Mère qui incarne l'immortalité et protège les affligés.

Jai jai mā jai jai mā jai jai jai mā
Vānī rūpē mṛdu caraṇē mā
vīṇā hāstē śaśivadanē mā

Tu prends la forme de Sarasvati aux pieds si doux,
Tu tiens la vina (luth indien),
Ton beau visage évoque la pleine lune...

Ādyā śaktē śivadaytē mā
ātmā rāmē kamala bhavē mā

Toi l'Énergie primordiale, Toi qui accordes ce qui est favorable,
assise sur un lotus, Tu Te délectes de Ton propre Soi ...

Kāḷi durge kali śamanē mā
kālātītē śiva caritē mā

Tu es Kali et Durga, Tu détruis les maux du kali yuga,
Tu transcendes le temps, Tu chantes les louanges de Shiva...

Līla mūrtē giri tanayē mā
śōbhā rūpē śubha varadē mā

Fille de la Montagne, toujours prête à jouer,
Ta forme est lumineuse et Tu accordes des faveurs bénéfiques...

DĒVĪ NINNE KAṆI KAṆṬIṬṬU

Dēvī ninne kaṇi kaṇṭiṭṭu mānasam
puḷakitam ākaṇam ennum ennum
Nin tiru nāmam japiccu koṇṭunmatta
bhāvam uḷkoḷḷanam ente cittam

O Déesse, quand je vois Ta forme bénie, puisse mon cœur toujours entrer en extase.
À force de répéter Ton nom sacré, puissé-je devenir ivre de dévotion.

Nin kara vallitan sparśattāl ennamme
jīvitam puṣpitam ākiṭēnam
Nin maṭitaṭṭilāy enneyaṇ accamma
tazhukita lōṭiyura kiṭēṇam

Que ma vie s'épanouisse grâce à la bénédiction accordée par le contact de Tes mains si douces. Mère, prends-moi dans Tes bras et tout en me caressant, endors-moi (comme un bébé).

Duḥkham niraññiṭum laukika bhōgattil
āśakaḷ oṭṭum janikkarutē
Ānanda rūpiṇi ninne nirantara m
cintanam ceyyuvān śakti nalkū

Ne permets pas que les désirs qui engendrent la souffrance surgissent dans mon mental, ne permets pas qu'il se tourne vers les plaisirs du monde. Donne-moi la force de garder le souvenir constant de Ta forme, rayonnante de béatitude !

DĪNATĀRIṆI DURITA VĀRIṆI

Dīnatāriṇi durita vāriṇi triguṇa sañcaya dhāriṇi
Sujana pālini nidhana kāriṇi saguṇa nirguṇa rūpiṇi
Dēvī nī bhava tāriṇi jaya śōka mōha vimōcini
pāhi pāhi bhavā nitāvaka pāda paṅkajam āśrayē

Tu protèges les créatures impuissantes que nous sommes ;
Tu détruis le péché, Tu portes les trois gunas réunies
Tu protèges les êtres bons, Tu es la cause suprême de la dissolution,
Tu assumes des formes et Tu es aussi le Sans-Forme ;
O Déesse, Tu protèges les humains du cycle des morts
et des renaissances, victoire à Toi, qui dissipes les souffrances et les illusions. O Bhavani !
Protège-nous, protège-nous ! Je prends refuge à Tes pieds de lotus.

Matsya kūrma varāha narahari toṭṭupatta vatāravum
citsamē bhava damśamallayo pañca bhūta samastavum
Darśanaṅgaḷil ārilum tava dṛśyamalla svarūpavum
pāhi pāhi bhavā nitāvaka pāda paṅkajam āśrayē.

O Mère ! Tu es la Connaissance personnifiée! Les dix incarnations (de Vishnu) comme le poisson, la tortue, le sanglier etc, la création entière composée des cinq éléments (la terre, le feu, l'eau, l'air et l'éther), tout cela ne fait-il pas partie de Toi ? Ta nature réelle ne peut être contemplée dans les six chakras. O Bhavani ! Protège-nous, protège-nous. Je prends refuge à Tes pieds de lotus.

Ādiyum punarantavum tava dēvī nahi nahiyeṅkilum
pāda sēva karā yavarkkāy rūpabheda meṭuppu- nī

Kāla bhedam atiṅkalum sthiticeyvu nī jagadambikē
pāhi pāhi bhavā nitāvaka pāda paṅkajam āśrayē

O Dévi ! Bien que Tu n'aies ni commencement ni fin, Tu assumes différentes formes pour le bien de ceux qui servent Tes pieds. Tu es la Vérité immuable, que les changements d'époque n'affectent en rien. O Mère de l'univers ! O Bhavani ! Protège-nous, protège-nous. Je prends refuge à Tes pieds de lotus.

Rūpamuḷḷil nin acciṭunn oru sādhakannu sarūpiṇi
rūpahīna matāyupā sitayākil dēvi yarūviṇi
Jyōti rūpa matāy lasipporu brahma rūpa sanātanī
pāhi pāhi bhavā nitāvaka pāda paṅkajam āśrayē

Pour les chercheurs qui méditent sur Ta forme, Tu assumes une forme, et à ceux qui Te vénèrent sous Ton aspect sans forme, Tu apparais sans forme.
O Vérité éternelle ! Incarnation de Brahman, (l'Absolu), de la Lumière divine. O Bhavani ! Protège-nous, protège-nous. Je prends refuge à Tes pieds de lotus.

Svantam ākiyakazhi vezhunn avaruṇmay yathakāṇkayāl
cinmayē atutānahō para brahmam ennu riyāṭuvōr
Ambadēvī turīya mennatu nirvvacikkuka sāddhyamō ?
pāhi pāhi bhavā nitāvaka pāda paṅkajam āśrayē

O Incarnation de la Connaissance, ceux qui ont la capacité de voir Ta véritable nature disent que je suis cet Absolu suprême ! O Mère, O Dévi ! Qui peut définir l'état de conscience appelé turya ? O Bhavani ! Protège-nous, protège-nous. Je prends refuge à Tes pieds de lotus.

ĒKĀSRAYAMĀM AMMA

Ēkāsrayamām amma tan pādattil
ēkākini ñān aṇaññū
Ēzhakal kāśvāsam ēkumā pādatte
ēkāgramāy ñān bhajippū

Solitaire, je m'abandonne aux pieds d'Amma, mon seul refuge.
Je vénère de tout mon être Ses pieds sacrés
qui apportent la consolation aux malheureux.

Kālattin kaikal koruthoru vīthiyil
kāliṭarāte ennum naṭappān
Kātara cittayāy kāmita varadē
kālam enālum ñān bhajippū

Afin de parcourir sans trébucher la voie tracée par les mains du temps,
je vénère, le cœur brûlant, la Mère qui exauce tous les désirs.

Aśaraṇar kāśvāsa mēkumā pādattil
aharnniśam aham arppippū
Amaratvam ēkum amṛtēśi pādaṅgaḷ
ātaṅka muktikkāy ñān bhajippū

Je m'abandonne à Toi pour toujours, O Mère qui réconforte les désespérés,
j'adore Tes pieds sacrés jour et nuit. Je m'abandonne à Toi, O Amriteshi,
Toi qui accordes l'immortalité, pour être délivré de tous mes chagrins.

ELLAM ARIYUNNAR AMME

ellam ariyunnar amme - ente
vallāyma nīyaṟiyillē
vallāte ñān alayunnī ghōra
samsāramām sāgarattil

O Mère omnisciente, ignores-Tu ma détresse ? J'erre sans fin dans l'océan effrayant du samsara (cycle des renaissances).

illa mattārumī vāzhvil - ente
allal-akattuvān ammē
etranāḷ ī vidham ammē - ñān ī
duḥkha bandham cumakkēṇṭū

Je n'ai personne d'autre au monde pour calmer ma douleur. Combien de temps me faudra-t-il encore porter ce fardeau de chagrins, O Mère ?

prēma svarūpiṇi ammē - ennil
kāruṇyam tūvukay illē
allum pakalum entammē - vannen
uḷḷil viḷaṅgaṇam ammē

O Incarnation de l'Amour, Mère, ne viendras-Tu pas m'inonder de Ta compassion ?
Je T'en prie, viens, règne dans mon cœur jour et nuit.

vēdānta vēdiyall ammē - avi-
vēkiyā yuḷḷoru paital
mātāvu nī amṛtānanda maya -
pālūṭṭi nirvṛtiyēkū

Je ne connais pas le Védanta, je ne suis qu'un enfant ignorant, Tu es ma Mère, daigne me nourrir du lait de Ta béatitude immortelle.

ENTINU ŚŌKAM MANASSĒ

Entinu śōkam manassē
nin nija bhāvam atalla
Sāndra sukhāmṛta sāmrājyattin
ēkādhi patiyenn ōrkkū

Pourquoi t'affliger, O mon cœur ? La tristesse n'est pas ta vraie nature !
Tu règnes sur des empires infinis de béatitude immortelle !

Māttam verumoru mārā niyamam
mārā poruḷine nī puṇarū
Maruvil salila bhrānti kaṇakke
māyā kṛtamī ulakellām

Le changement constant que tu observes, cette loi en apparence implacable,
n'est qu'un spectacle passager. Comme le mirage dans le désert, le monde entier est un jeu de miroir de maya (l'illusion cosmique).

Āndhyam akattuka manassē
akhilavum ātmāvāṇ ennariyū
Aṛivin śrīmukha prabhā darśikkū
aṛivā 'ṇaha' mē nin rūpam.

Cherche la Réalité immuable.
Ôte le bandeau qui t'aveugle, O mon esprit !
Comprends que tout est l'atman. Contemple le visage lumineux de la pure Connaissance, qui est ta forme originelle, O Soi.

GAJAMUKHA GAJAMUKHA

Gajamukha gajamukha gaṇanāthā (3x)
gaurī nandana gaṇanāthā
Pāśānkuśa dhara gaṇanāthā
Gaṇanāthā hē gaṇanāthā
Paśupati nandana gaṇanāthā
Gaurī nandana gaṇanāthā

O Seigneur des Ganas ! Toi au visage d'éléphant, fils de Gauri (Parvati, épouse de Shiva), Toi qui tiens la corde et l'aiguillon, fils de Pashupati (Shiva).

GAM GAṆAPATAYĒ NAMŌ NAMAḤ

Gam gaṇapatayē namō namaḥ (4x)

Nous nous prosternons devant le Seigneur Ganapati.

Guruguha sōdara gaṇanātha
nata jana pālaka suravandya
Paritāpa harē paramēśa
mṛti bhaya nāśaka gaṇēśvara
Gam gaṇapatayē namō namaḥ (4x)

O Frère du dieu Subramanya, Toi le chef des Ganas,
Tu protèges ceux qui Te cherchent,
O Seigneur suprême, Tu effaces le chagrin,
O Ganesha, Tu anéantis la peur de la mort...

Iha para sukhada guṇaśīla
sahṛdaya rasika bhavasāra
Budha jana sēvya matinātha
śubha gati dāyaka gaṇapāla. (Guruguha...; Gam...)

Tu accordes les plaisirs célestes et les plaisirs de ce monde,
Demeure de nobles vertus, Tu es le bonheur de ceux dont le cœur est pur,
Tu es l'Essence du monde, Toi que vénèrent les êtres intelligents.
Tu gouvernes l'intellect et accordes la Libération, O Toi qui protèges les ganas.

Gajamukha sundara varadātaḥ
nijasukha kāraṇa nigamārttha
Praṇata janāmaya parihantaḥ
praṇava rūpa jaya gajānana. (Guruguha...; Gam...)

O beau Dieu au visage d'éléphant, Tu accordes des faveurs, Source du vrai bonheur, Essence des Védas, Tu balayes totalement la souffrance de ceux qui cherchent refuge en Toi,
Tu as pour forme le pranava (le son primordial, Om). Victoire à Toi, O Seigneur Ganesh !

GANĒŚA NAMAḤ

Ganēśa namaḥ ōm ganēśa namaḥ ōm
Ganēśa namaḥ śrī ganēśa namaḥ ōm
Ganēśa namaḥ ōm ganēśa namaḥ ōm
Ganēśa namaḥ śrī ganēśa namaḥ ōm
Hē gaṇanāyaka śūbha phala dāyaka
vighna vināśaka kāri
Vidyādāyak bhuḍḍhi pradāyaka
Siḍḍhi vināyaka svāmī

Nous Te saluons, O Seigneur Ganesh ! O Chef des Ganas,
Toi qui accordes ce qui est bénéfique, Tu détruis les obstacles,
Tu donnes la connaissance et l'intelligence,
O Seigneur Siddhivinayaka (autre nom de Ganesh)

Lōg karē tēri pūjā pehlē
gāvē tērī mahīmā
Dūru karō prabhō sāri amangaḷ
Hō sukh śānti jag mēm

C'est Toi que l'on vénère en premier, avant tous les autres dieux ; les croyants chantent Ta gloire.
O Seigneur, ôte de ce monde tout ce qui est défavorable ; puissent la paix et le bonheur prévaloir dans le monde.

GIRIJĀSUTA ṢAṆMUKHA

Girijāsuta ṣaṇmukhā
sujanārccita śubhamukha
Muruga...duritāpahā
muruga...bhavasāgarā

O Shanmukha, fils de Parvati ! Les êtres bons Te vénèrent ; la vision de Ton visage est propice, dieu d'une grande beauté (Muruga) !
Tu annihiles les difficultés de Tes dévots, O Muruga !
Tu leur fais traverser l'océan de l'existence en ce monde.

Kṛtadānava bhañjana
dhṛta kaṅkaṇa kuṇḍala
Sarasīruha lōcana
śaravaṇa bhava sundara

Tu as anéanti les démons (Surapadma, Taraka et les autres). Tu es paré de bracelets et de boucles d'oreilles. Tes yeux ont la beauté du lotus,
O beau Dieu, né parmi les roseaux du Gange sacré.

Bhuvanākhila rakṣaka
mama mānasa rañjaka
Muruga ati pāvana
muruga paripāhi mām

Tu protèges l'univers entier. Tu enchantes mon cœur, O beau Dieu !
Tu es pur à jamais. Je T'en prie, protège-moi !

Tripurāntaka nandana
praṇavārttha subōdhaka
Hara hara hara ṣaṇmukha
harihara nara kīrttita

Tu es le fils de Shiva, Tu as détruit les trois cités (Tripura). Tu as enseigné à Brahma la signification du son OM. O dieu à six têtes, Tu es en réalité une des manifestations de Shiva. Vishnu, Shiva et tous les êtres Te vénèrent.

GŌPA BĀLAKA GŌKULĒŚVARA

Gōpa bālaka gōkulēśvara
gōpikā hṛdaya nandanā (2x)
Devakī tanayā dīna pālana
dēva dēva danu jāntakā (2x)

O petit pâtre, Seigneur de Gokul, Tu ravis le cœur des gopis...
O fils de Dévaki, Tu protèges les pauvres, O dieu qui détruit les démons...

Rāmasōdara ramēśa sundara
rādhikā sukha vivarddhanā
rāgalōla muraḷī manōhara
rāsakēḷi rāsa lōlupā (2x)

O frère de Balarama, Seigneur enchanteur de Rema (la déesse Lakshmi),
Tu fais croître la joie en Radha, Tu joues de douces mélodies sur Ta flûte, Toi qui aimes danser la rasalila.

Mukunda mādhavā mañjulā nanā
makara kuṇḍala sumaṇḍitā
manda manda gamanā manōharā
manō ramaṇā muraḷi gāyakā (2x)

O Mukunda, Madhava, dieu au beau visage paré de boucles d'oreilles en forme de poisson, à la démarche lente gracieuse, Toi le joueur de flûte,
Tu captives les cœurs.

Vēṇu vādaka varābhaya pradā
śyāmaḷāṅga sarasī ruhekṣaṇa
cāruśīla sakalāgama samstuta
vāsudēva tava mangaḷam (2x)

O divin joueur de flûte, Tu protèges et accordes des faveurs,
Enfant au teint sombre et aux yeux de lotus, Ta nature est douce,
Toi que les Védas glorifient, O Vasudéva, gloire à Toi !

GŌPĀLA KṚṢṆĀ GIRIDHĀRI

Gōpāla kṛṣṇā giridhāri kṛṣṇā
gōlōka nandana kṛṣṇā
gōvinda kṛṣṇā ghana śyāma kṛṣṇā
gōpī janēśvara kṛṣṇā

O Krishna, petit pâtre qui a soulevé la montagne Govardhana !
O Krishna dont la vraie demeure est Goloka !
O Govinda à la peau bleu sombre !
O Krishna, Seigneur des gopis !

Sukumāra kṛṣṇā surapūjya kṛṣṇā
sukhasāra vigraha kṛṣṇā
kamanīya kṛṣṇā karuṇādra kṛṣṇā
kalidōṣa nāśana kṛṣṇā

O Krishna à la beauté parfaite, adoré par les êtres célestes,
Toi dont l'essence est le bonheur, dans Ta compassion,
Tu détruis les péchés de l'ère sombre du matérialisme.

Navanīta kṛṣṇā naṭarāja kṛṣṇā
nalinī dalēkṣaṇā kṛṣṇā
yadunātha kṛṣṇā yatisēvya kṛṣṇā
yamunā taṭāśrita kṛṣṇā

O Krishna, petit voleur de beurre, Roi de la danse, Enfant aux yeux de lotus, Seigneur des Yadavas, Toi que servent les sages et les saints.

Vrajavāsi kṛṣṇā vanamāli kṛṣṇā
vasudēva nandana kṛṣṇā
jayadēva kṛṣṇā jagadīśa kṛṣṇā
janamāna sēśvara kṛṣṇā

O Krishna, Toi qui demeures à Vraj, paré d'une guirlande de fleurs sauvages, fils de Vasudéva, Jayadéva est un de Tes grands dévots. O Krishna,
Tu es le Seigneur de l'univers et de toutes les âmes.

GŌPĪ GŌPĀLA VĒṆU GŌPĀLA (HINDI)

Gōpī gōpāla vēṇu gōpāla
mukunda mādhava gōpī gōpāla
Kṛṣṇa harē jaya kṛṣṇa harē (4x)

Jaya hari bol jaya rām bol
Hari hari bol gōvinda bol
Hari aur śaṅkar sab he tera nām

Sab sukh le lō sab duḥkh le lō
Jaya hari bol jaya rām bol
Hari hari bol gōvinda bol
Hari aur śaṅkar sab he tera nām

Chante les noms de Rama et de Krishna !
Victoire au Seigneur qui maîtrise les sens, au protecteur des vaches, au divin joueur de flûte, à Celui qui accorde la Libération, victoire au bien-aimé de Lakshmi, au Seigneur irrésistible, Hari (Vishnu) et Shankar (Shiva), sont tous Tes noms.
O Seigneur, accepte l'offrande de mes joies et de mes peines.

GOVINDA DAMODARA

Gopāla nārāyaṇa
Govinda govinda nārāyaṇa
Govinda gopāla nārāyaṇa
Govinda ānanda nārāyaṇa

Govinda ānanda nārāyaṇa
Govinda govinda nārāyaṇa

Śrī kṛṣṇa govinda nārāyaṇa
Śrī rāma rameti nārāyaṇa

Govinda ānanda nārāyaṇa
Nārāyaṇa nārāyaṇa lakṣmī nārāyaṇa
Nārāyaṇa nārāyaṇa sriman nārāyaṇa

Victoire au Seigneur des vaches, à l'enfant rempli de béatitude, à Celui que sa mère attacha par la taille à un pilon, victoire à Celui qui demeure sur les eaux primordiales (Narayana) !

Gloire à Rama et à Narayana, l'époux de Lakshmi,
la Déesse qui accorde la prospérité matérielle et les richesses spirituelles.

GŌVINDAM GŌPĀLA

Gōvindam gōpāla bhajamana kṛṣṇa harē (4x)
Hē prabhu dīna dayāla bhajamana kṛṣṇa harē

Vénérez Krishna, le Seigneur et le Protecteur des vaches,
l'Enfant au charme irrésistible, Gloire au Seigneur !
Gloire à Celui qui élève les malheureux qui ont chuté !

GURU CARAṆAM SADGURU

Guru caraṇam sad guru caraṇam
amṛtānandamayī caraṇam
guru caraṇam bhavabhaya haraṇam
amṛtānandamayī caraṇam

Les pieds du guru, les pieds du satguru, les pieds d'Amritanandamayi
annihilent la peur du cycle des naissances et des morts.

Akhila janārcchita satcaraṇam
jani mriti nāśaka śrī caraṇam
Samasta dēvī dēvamayam - sad
guru caraṇam praṇamāmi sadā

Je m'incline aux pieds du satguru, adorés par les dévots et bénis par la présence des dieux et des déesses. Les pieds du guru mettent fin au cycle des naissances et des morts.

Guru mahimā sad guru mahimā
avarṇṇanīya guru mahimā

Brahmātmaikya nidāna padam - sad
guru caraṇam praṇamāmi sadā

La grandeur du satguru est indescriptible. Je m'ncline aux pieds du satguru, qui nous rappellent l'unité de l'âme individuelle et du Suprême.

GURU DĒVA

Guru dēva jaya dēva māhādeva dayā maya
Vibhuti sundara sasaṅka śekhara
Śiva śaṅkara dayā karō

Suprême guru, dieu victorieux et miséricordieux...
O magnifique dieu Shiva au corps couvert de cendres !
Tu portes le croissant de lune dans Ta chevelure...
O Shiva miséricordieux, Toi qui fais le bien !

Gōkula rañjana gōpī gōpāla
Raghukula bhuṣana sita rāma
Prēma janardhana dayā karō

O Gopala ! Ravissement des gopis à Gokul... O Rama, bien-aimé de Sita, joyau de la dynastie des Raghus. Ton amour et Ta grâce élèvent la conscience de l'humanité, montre-Toi miséricordieux.

GURUKṚPĀ AÑJAN PĀYŌ

Gurukṛpā añjan pāyō mōre bhāyi
Rāmabhinā kac jānat nāhi
Gurukṛpā añjan pāyō (sans reprise)

O mon frère ! J'ai reçu un collyre que j'ai appliqué sur mes yeux, ce collyre est la grâce du guru. Et depuis, en tout ce qui existe, je ne perçois rien qui ne soit pas Rama.

Antar rām bāhir rām
Jahām dēkhē vahām rām hi rām (2x)
Gurukṛpā añjan pāyō (sans reprise)

À l'intérieur comme à l'extérieur de moi, tout est Rama.
Partout où mon regard se pose, je ne vois que Rama.
Tout est Rama, tout est Rama !

Jāgat rām sōvat rām
Sapnē mē dēkhat rām hi rām
Rām hi rām rām hi rām
Gurukṛpā añjan pāyō (sans reprise)

Quand je dors, c'est Rama qui dort. Quand je suis éveillé, c'est Rama qui est éveillé.
Dans mes rêves, c'est Rama qui apparaît sous des formes variées.
Tout est Rama, tout est Rama !

Kahatē kabīr anubhav nīkhā
Jahām dēkhē vahām rām hi rām (2x)
Rāma sarīkā rāma sarīkā
Gurukṛpā añjan pāyō (sans reprise)

Kabir dit : « Telle est mon expérience : partout où mon regard se pose, je ne vois que Rama et seulement Rama. »

GURUVAṬIVĀNAVAḶĒ

Guruvaṭiv ānavaḷē amṛtānandamayi
Tiruvaṭi paṇiṇṭēn varam onṭru taruvāy
Amṛta purēśvari ānanda vaṭivē
Aruḷoṭu enaiyum padamalar sērppāy
Guruvaṭivān avaḷē... ammā...ammā...ammā (sans reprise)

O Mère Amritanandamayi ! Tu es la forme du Guru. Je me prosterne à tes pieds de lotus.

Daigne m'accorder une faveur, O Mère d'Amritapuri ! O Incarnation de la béatitude, daigne m'unir à Tes pieds en m'accordant Ta grâce.

Dayai vaṭiv ānavaḷē śiva śakti pārvati
Tanayan azhaittēn ezhund aruḷvāyē
Dinam unai nāṭi varum bhaktarkaḷ kūṭṭam
Manam tanil tōnṭrumē dēvī nin rūpam

O Mère ! Incarnation de la compassion,
Tu es à la fois l'Être non-manifesté et la Puissance qui engendre la manifestation, Parvati, Ton fils T'appelle,
s'il Te plaît, viens ! La foule des dévots se presse chaque jour pour recevoir Ton darshan. Ta forme se révèlera dans notre esprit.

Aruḷ vaṭiv ānavaḷe ādi parāśakti
Anpuṭan tutittēn [azhaitten] ādarippāyē
Vēdattin sārattai tarum nin upadēśam
Pāpattai pōkkiṭum tāyē un dariśanam

O Mère pleine de grâce ! Energie primordiale ! Je Te salue avec amour.
Protège-moi. Ton enseignement nous donne l'essence des Védas.
Ta vision fera s'évanouir tous nos péchés, O Dévi !

Tiṅkaḷai cūṭukinṭra śivanin tiru nāmam
Eṅkaḷai kāttiṭavē anu dinam kūrukirāi
Kavitayil ezhutiṭavē
Enakkum iyala villai
Puviyāḷum un perumai ezhuttinil aṭaṅka villai

Tu récites le nom divin de Shiva, qui porte le croissant de lune comme un ornement dans sa chevelure. Comment pourrais-je, dans ma poésie, décrire Ta grandeur ? O Souveraine de la terre ! Les mots sont incapables d'exprimer Ta grandeur.

GURUVĀYŪR APPĀ TUṆA NĪYĒ

Guruvāyūr appā tuṇa nīyē
ennu karuti ñān kai tozhunnēn
Kai tozhunnēn kaṇṇā kai tozhunnēn (2x)

O Seigneur de Guruvayur, je prends refuge en Toi, je Te salue les mains jointes, O Kanna, je Te salue les mains jointes !

Perukiya śōkaṅgaḷ nīkkiṭēṇam
ente manassiluḷḷa tāpam nī akattiṭēṇam
Kai tozhunnēn kaṇṇā kai tozhunnēn (2x)

Apaise les chagrins qui montent en moi,
balaye la souffrance de mon cœur,
je Te salue les mains jointes, O Kanna, je Te salue les mains jointes !

Āśriṭa vatsalā abhayam tarunn avane
āśritarām ñaṅgaḷe kāttu koḷḷaṇē
Kai tozhunnēn kaṇṇā kai tozhunnēn (2x)

Tu es plein d'affection envers ceux qui prennent refuge en Toi.
Protège-nous, O Seigneur, je Te salue les mains jointes,
O Kanna, je Te salue les mains jointes !

Ninpāda paṅkajam ennun namicciṭunnēn
aravinda nētranē abhayam nalkēṇamē
Kai tozhunnēn kaṇṇā kai tozhunnēn (2x)

Je me prosterne sans cesse à Tes pieds de lotus, O Toi dont les yeux ont la forme des pétales de lotus, accorde-moi Ton refuge,
je Te salue les mains jointes, O Kanna, je Te salue les mains jointes !

HAR HAR MAHĀDĒV ŚIVA ŚIVA

Har har mahādēv śiva śiva mahādev (2x)
Kāl kāl mahādēv muṇḍamāl mahādēv
muṇḍamāl mahādēv
Lōkanāth mahādēv ēkanāth mahādēv
Tāṇḍav narttan bhuta gaṇēśvar
sūry candrānal nētrā
Sury candrānal nētrā
Hē praḷayaṅkar dēv śivaṅkar śaṅkar rudra mahēśā

Har har mahādēv śiva śiva mahādev (2x)
Tāṇḍav narttan bhuta gaṇēśvar
sūry candrānal nētrā
Sury candrānal nētrā
Hē praḷayaṅkar dēv śivaṅkar śaṅkar rudra mahēśā

har mahadev	O Destructeur, grand dieu
kal mahadev	Seigneur du temps/de la Mort
mundamal	Tu portes une guirlande de crânes
lokanāth / ekanāth	Seigneur de l'univers / Seul et unique Seigneur
tāṇḍav narttan	Celui qui accomplit la danse de la destruction (tandava)
bhuta gaṇeśvar	Seigneur des Bhutas (êtres qui vivent sur des plans astrals inférieurs, ses serviteurs)
sūry candranal nētrā	Dieu aux trois yeux : le soleil est l'oeil gauche, la lune, l'oeil droit et le feu le troisième oeil.
pralayankar	Celui qui préside à la dissolution de l'univers
śiva śankara	Celui qui accorde le bien-être et tout ce qui est propice
rudra	Dieu féroce

HARĀYA JAYA

Harāya jaya madhu sūdanāya nama om
Mādhavāya keśavāya yādavāya nama om

Nous saluons Madhusudana, Celui qui nous enchante, le dieu victorieux
qui a la douceur du nectar ! Nous nous inclinons devant le Seigneur de Lakshmi, le Seigneur du clan des Yadus, à la longue et magnifique chevelure.

Hari om hari om hari om hari om
Bōlō rādhe rādhe bōlō rādhe rādhe
Bōlē rādhe rādhe bōlō rādhe rādhe bōlō
Man mōhana kṛṣṇa māyā vibhanjaka
mathura nātha mangala dhāma

Krishna enchante notre esprit et détruit l'illusion... Il est le Seigneur de Mathura et la source de tout ce qui est propice...

Mērē nandalālā pyāre gōpi lola
Govardhana dhāri gōkula vasi

Mon Nandalala, Toi le Bien-aimé des gopis...
Toi qui as soulevé la montagne Govardhana et qui vis à Gokul...

Vṛndāvana kē kuñja vihāri
kanmaṣa nāsak kāmita dāyaka

Krishna joue dans les forêts de Vrindavan, Il détruit le mal
et exauce tous les désirs...

Mērē pyāre bālā muraḷī gāna vilōla
Rādhā mānasa cōrā hṛdaya vihāra

Mon cher enfant Krishna, Toi qui joues de la flûte,
Tu as dérobé le cœur de Radha, Tu demeures en mon cœur...

HARĒ KṚṢṆA KṚṢṆĀ

Harē kṛṣṇa kṛṣṇā kṛpā pūrṇṇa kṛṣṇā
harē kṛṣṇa kṛṣṇā namōbāla kṛṣṇā

O Krishna, Krishna, plein de compassion, nous nous inclinons devant l'enfant Krishna !

Calat pimcha kēśā taḍit pītavāsā
vrajastrī parītā namastē mukundā

Salutations à Celui qui accorde la Libération ; les cheveux au vent, revêtu d'habits jaunes étincelants, il est entouré par les femmes de Vrindavan.

Ghana śyāma varṇṇā manō mōhanāmgā
ramākānta ramyā namastu bhyamīśa (Harē kṛṣṇa...)

Nous Te saluons, Toi qui a le teint sombre des nuages et dont la forme enchanteresse nous fascine, Bien-aimé de Sita, O Dieu magnifique !

Harē vāsudēvā prabhō prēma rūpā
yaśōdā tanūjā śubham dēhidēvā

Fils de Vasudeva, Seigneur qui a la forme de l'Amour... fils de Yashoda, Toi qui accordes ce qui est propice...

Jagat vandya murttē surōd gīta kīrttē
sadānanda śaurē dayānanda vandē

Le monde entier s'incline devant Toi, les dieux chantent Tes louanges et Ta gloire. Nous saluons le Dieu miséricordieux, plein de béatitude, toujours heureux et courageux !

Dayārūpa dēvā jarā janmanāśā
mahādēva sēvya namō dēva dēva (Harē kṛṣṇa...)

O Être de lumière, Incarnation de la compassion, Tu mets fin au cycle des renaissances, les grands dieux sont Tes serviteurs.

HARI OM NAMO NĀRĀYAṆAYA

Hari om namo nārāyaṇaya om namo nārāyaṇa
Hari om namo nārāyaṇa
Hari om namo nārāyaṇaya om namo nārāyaṇa
Hari om namo nārāyaṇa
Hari om namaḥ śivāya (7x)
Hari om namo nārāyaṇaya

HĒ GŌVIND HĒ GŌPĀL UDDHARA

Hē gōvind hē gōpāl
uddhara mām dīnam ati dīnam bala hīnam

O Govinda ! O Gopala ! Daigne me sauver, moi que voilà abandonné, profondément désespéré et impuissant.

Vihita vihīnam viparyaya jñānam
sañchita sarva kaluṣa kalāpam (Hē Gōvind...)

La malchance me poursuit, même mon savoir me porte malheur, mes actions passées ne sont qu'une masse informe de boue.

Vēdam na jānē vēdyam na jānē
dhyānam na jānē dhyēyam na jānē

Je n'ai aucune connaisance des Védas, j'ignore ce qui est essentiel, je ne sais ni méditer ni sur quoi méditer.

Mantram na jānē tantram na jānē
arkhyam na jānē pādyam na jānē (Hē Gōvind...)

J'ignore les mantras et les tantras corrects par lesquels on peut T'adorer.
J'ignore comment T'offrir de l'eau pour laver Tes mains et Tes pieds sacrés.

HE PRABHŪ TŪ ĀNANDA DĀTĀ

He prabhū tū ānanda dātā
jñān ham ko dījiyē (2x)
Śīghra sāre durgunom ko
dūr ham se kījiye

O Seigneur, Toi qui accordes la Béatitude, daigne nous révéler la Connaissance véritable.
Daigne sans plus tarder nous libérer de toutes les tendances indésirables.

Lījiye ham ko śaran me
ham sadācāri bane (2x)
Śanti cahak dharma rakṣaka
dhīra vrata dhāri bane (2x)

Daigne nous accorder refuge à Tes pieds. Fais en sorte que nous suivions la voie de la vertu et que nous aspirions à la paix, protégions le dharma et observions nos voeux (d'être de vrais dévots) sans faillir.

Prēm se ham gurujanom ki
nitya hī seva kare (2x)
Satya bōle jhūtu tyage
mel āpas me kare (2x)

Puissions-nous à jamais servir notre guru avec amour et dévotion, rester fidèles à la vérité en actes et en paroles, renonçant à toute hypocrisie et vivre en nous entraidant.

Nindā kisi kī ham kisīse
bhūl kar bhī nā kare (2x)
Divya jīvana ho hamārā
tere yaśa kā rāha kare (2x)

Fais que jamais, même dans un moment d'oubli, nous ne disions du mal d'autrui. Que notre vie soit divine et consacrée à répandre Ta gloire.

HṚDAYA MANDĀKINI

Hṛdaya mandākini ozhiki varū śuddha
prēma pravāhame tazhuki varū
Āyira dala padma pītasta ennamma
puñciri cādum prabhāsa tīrtha prabhē.

Puisse le flot d'amour pur s'écouler éternellement de notre cœur comme la rivière Mandakini. L'éclat du sourire enchanteur de ma Mère,
assise sur un lotus aux mille pétales, resplendit comme l'eau du lac sacré Prabhasa.

Vāsanakal nīri bandhangal kattiṭum
kāśi mahēsa śmaśāna bhasmānkitē
Vairāgya jvāla vivēka samīranan
ōḷam ilakkum vicitra nī sarittu

Comme le dieu Shiva, qui vit près des bûchers funéraires à Kashi, Tu es enduite des cendres qui demeurent une fois que les vasanas (tendances innées) et tous les liens humains ont été consumés. Tu es pareille à un lac pittoresque, agité par les orages violents du détachement et du discernement.

Bhaktiyum muktiyum mugdha svar gangalum
nin pāda pūjakku kāttu kidakkave
Pūrṇattil pūrṇayām ātmatriptē varū
śāntitan śītala nāma taranga māi

La dévotion, la Libération et tous les attributs célestes attendent une chance de vénérer Tes pieds de lotus. Tu es l'Essence de la plénitude,
Tu savoures la Béatitude du Soi éternel. Viens à moi, je T'en prie, comme les vagues des noms divins, qui apportent à mon cœur une paix ineffable.

INNALLŌ KĀRTIKA NĀLU

Innallō kārtika nāḷu
ennamma piranna nāḷu
saundaryam viḷaṅgum nāḷu
santōṣam pūkum nāḷu

C'est aujourd'hui Kartika (l'étoile de naissance d'Amma),
c'est le jour où ma Mère est née, un jour où règnent partout le bonheur et des augures favorables.

Ñaṅgaḷe dhanyarākki
ñaṅgaḷe mattarākki
Ñaṅgaḷe bhrāntarākki
ñaṅgaḷe śāntarākki

Nous sommes devenus fous de joie, pris d'une ivresse divine.
Nous avons le cœur plein de gratitude et nous sommes en paix.

Snēham pakarnnu nī āvōḷam tannu
ellām marannu ñānatu nukarnnu
Nin divya snehattin pakaram nalkuvān
illammē en kayyil onnummilla

Tu m'as nourri à la source de l'Amour, et m'oubliant,
j'ai bu tant que je pouvais. Mais hélas, O Mère,
je n'ai rien à Te donner en échange,
absolument rien qui égale Ton amour divin.

janmadina sammānamentu nalkumammē
enteyī janmam ñān ninnilarppikkām
enteyellām nī ñān ninte dāsan (dāsi)
satakōṭi vandanam karuṇāmayī

Que puis-je donc T'offrir pour Ton anniversaire, O Mère ?
Je veux Te consacrer ma vie, Tu es tout pour moi, je suis Ton serviteur. O Mère, Incarnation de la compassion,
je me prosterne des millions de fois devant Toi.

ĪŚVARA LĪLA YĪTELLĀM

Īśvara līla yitellām ulakil
amma tan līla yitellām
Ādiyu mantavum āzhavum kāṇātta
nitya nigūḍha tayellam

Tout est un jeu divin. L'univers entier est le jeu divin de Mère. C'est un mystère insondable, sans commencement ni fin, incommensurable.

Ēkātma vastu atōnne ulakāy
nānātva veṣam aṇiññu
Amma tan ā mandahāsam oḷiyāy
puvana māyi viṭarnu

Tout est une seule Réalité absolue qui se manifeste dans cet univers sous des formes variées.
Le magnifique sourire de Mère est devenu le jardin de fleurs de l'univers.

Ādima niścala nidrā vaśam
nīyōru svapnam menaññu
Ā svapna līlayil oḷam ñangaḷ
eṅgane nin katha yōtūm

Au commencement, Tu as eu un rêve. Dans ce rêve, nous sommes tous des vagues. Comment pouvons-nous raconter Ton histoire ?

Etine ninticu tallum ñaṅgaḷ
ētine vāzhtti stutikkum
Ī viśva līlakal āṭum satte
eṅgane ninne parayum

Comment puis-je critiquer ou louer quoi que ce soit, puisque tout est Ton jeu divin ? Comment puis-je parler de Toi ?

JAI JAGADAMBĒ DURGĒ MĀ

Jai jagadambē durgē mā
jai mana mōhini bhadrē mā
Janma vināśini jai jai mā
jagadō dhāriṇi śrīkari mā
Jai mā jai mā jai mā jai mā

Victoire à la Mère de l'univers, Mère Durga !
Victoire à Celle qui nous ravit et qui est propice !
Victoire à Celle qui met fin aux renaissances et rachète le monde,
Celle qui accorde ce qui est propice !
Victoire à la Mère, victoire à la Mère !

Viṣṇu vilāsini lakṣmī mā
viśva vimōhini pārvati mā
Vidyā dāyini sarasvatī mā
vimala suhāsini jai jai mā (Jai mā...)

O Mère Lakshmi, Toi les délices de Vishnu... O Mère Parvati,
Enchanteresse de l'univers... O Mère Sarasvati,
qui accorde la Connaissance...
Victoire à la Mère souriante et pure !

Kāmida dāyini dēvī mā
kāma vināśini kāḷi mā
Kāla svarūpiṇi bhairavi mā
karuṇā mayi jagadambē mā (Jai mā...)

O Mère Dévi, Tu exauces tous les désirs... O Mère Kali, Tu détruis le désir...
O Mère Bhavani, Tu prends la forme du Temps, O Mère de l'univers,
Incarnation de la compassion !

JAI MĀ AMBE JAI MĀ AMBE

Jai mā ambē jai mā ambē
jai mā ambē jai jai mā (4x)

Dīnajanā vani dēvī dayākari
dānava bhañjani mātē
durita vināśini duḥkha vimōcini
jaya jagadambē mātē

O Dévi, Tu es compatissante envers les malheureux, O Mère, Tu détruis les démons (asuras), Tu balayes tous nos ennuis et Tu nous libères de la souffrance, Victoire à Toi, O Mère universelle !

Karuṇā vāridhi kamala vilōcini
kavitā mṛtamayi mātē
Kalīmala nāśini kanmaṣa mōcini
jaya jagadambē mātē

O Océan de compassion, Toi aux yeux de lotus, Incarnation de la poésie ambrosiaque,
Tu détruis les maux du Kali Yuga (l'ère sombre du matérialisme),
Tu nous libères de nos péchés, Victoire à Toi, O Mère universelle !

Pāvana rūpiṇi pālana kāriṇi
pāpa nivāriṇi mātē
Pūrṇṇa sanātani parvata nandini
jaya jagadambē mātē

O Mère dont la forme est sacrée, Support de la création, Tu détruis tous les péchés, Tu es parfaite et éternelle, O fille de l'Himalaya (déesse Parvati), Victoire à Toi, O Mère universelle !

Sanmayi cinmayi sakala jaganmayi
sarva janēśvari mātē
Suramuni sēvita caraṇa sarōjē
jaya jagadambe mātē

O Mère dont la forme est Existence et Connaissance, Tu es devenue l'univers entier, Déesse de l'humanité, Toi dont les pieds de lotus sont vénérés par les dieux et les sages, victoire à la Mère universelle !

JAI MĀ JAI JAI MĀ

Jai mā... jai jai mā...
Lē lō karakamalōm mē mā...
Jai mā... jai jai mā...

O Mère, victoire à Toi, victoire ! Prends-moi dans Tes bras, O Mère.

Jananī tērē caraṇa yugōm mē
jīvan arppit karttā hum mē
Janam janam mē mērāyē man
Prēm bharā hō mā...
Lē lō karakamalōm mē mā...

O Mère, je dépose cette vie à Tes pieds. Daigne remplir mon cœur de dévotion dans toutes mes existences à venir, O Mère.

Karuṇāsē mujh kō tum dēkhō
śaraṇāgat kō apnāvō mā
Bhav bādhā har lō hē mātē
Bhakti dī jō mā...(sans reprise)
Lē lō karakamalōm mē mā...

Daigne me regarder avec compassion, je T'implore, accepte-moi comme Ton enfant, guéris-moi de la maladie de l'attirance pour le monde et accorde-moi la dévotion.

Tērī yād sadākar pāvūm
tērē arccan mēm lag jāvūm
Tērā hī guṇ gāvūm nisadina
Dījō var varadāyi mā...(sans reprise)
Lē lō karakamalōm mē mā...

Puissé-je ne penser qu'à Toi, T'adorer et chanter constamment Tes louanges, tel est mon fervent désir. Accorde-moi cela, O Mère, Toi qui es toujours prête à octroyer des faveurs.

Kar kamalōm mē mujhē uṭhālō
amṛt pilākar amar banā dō
Avikal bhakti mujhē tum dē dō
Ab apnālō mā...(sans reprise)
Lē lō karakamalōm mē mā...

Berce-moi dans Tes bras, nourris-moi du nectar de l'immortalité, daigne me bénir en m'accordant une dévotion inébranlable et fais que je T'appartienne entièrement.

JANANĪ TAVA PADA MALARUKALIL

Jananī tava pada malarukalil...
praṇamippū tava makkalitā
Karuṇayoṭ ennum kākkaṇamē
arivill āttavarī makkaḷ

O Mère, Tes enfants offrent leur salut à Tes pieds de lotus. Dans Ta bonté, prends soin de ces enfants ignorants.

Dharmā dharma mariññīṭān
tāyē kaniv arulīṭa ṇamē...
Atināy ñānita tirumumbil
añjali kūppi yirikunnu

O Mère, daigne répandre sur moi Ta miséricorde afin que je puisse discerner entre le dharma (l'action juste) et l'adharma (l'action injuste). C'est dans cet espoir que je me tiens devant Toi les mains jointes.

Ariv illātatu kond adhikam
arutāt ullatu ceytēkkām
Alivārnn aruli koṇṭippōl
ammē māpparulīṭa ṇamē

Dans mon ignorance, il se peut que j'accomplisse de nombreux actes interdits.
O Mère, je T'en prie, pardonne-moi et inonde-moi maintenant de Ta grâce miséricordieuse.

Nī kaniññu koṇṭēkaṇam ammē
ninnil nirmaḷa bhaktiye mātram
Vēṇda puṇyavum pāpavum vēṇda
vēṇdat ullatu bhakti yāṇallō

O Mère, dans Ta bonté, daigne m'accorder la pure dévotion que seule je recherche.
Je ne veux ni mérites ni démérites. C'est la dévotion seule que je veux.

Ajñānam vēṇdā vijñānam vēṇdā
vēṇdat ullatu bhakti yāṇallō
Vēṇda śuddhi aśuddhiyum vēṇdā
vēṇda tullatu bhakti yāṇallō

Je ne veux ni l'ignorance ni la sagesse, c'est la dévotion seule que je veux.
Je ne veux ni la pureté ni l'impureté. C'est la dévotion seule que je veux.

Vēṇda dharmam adharmavum vēṇdā
vēṇdat ullatu bhakti yāṇallō
Vēṇda kaḷatravum sambattum vēṇdā
vēṇdat ullatu bhakti yāṇallō

Je ne recherche pas l'action juste ou injuste, c'est la dévotion que je veux.
Je ne veux ni conjoint ni richesses, c'est la dévotion seule que je veux.

JAPA JAPA AMMĀ AMMĀ

Japa japa ammā ammā ambā nāma japa rē
Iśṭanām satyanām muktinām japa rē

Chantons « Amma », le nom de la Mère divine,
le Nom bien- aimé, véridique et libérateur !

Akhilandeśvari [Amṛtapurēśvari] jagadamba japa rē
Iśṭanām satyanām muktinām japa rē

Chantons le Nom de la Mère de l'univers (la déesse d'Amritapuri).
Chantons le Nom bien-aimé, le Nom bien- aimé, véridique et libérateur !

Sadguru jagadguru jagadamba japa rē
Iśṭanām satyanām muktinām japa rē

Chantons le nom de la Mère de l'univers, de notre satguru, jagatguru.
Chantons le Nom bien-aimé, le Nom bien- aimé, véridique et libérateur !

Amba nāma karma dhāma yoga dhāma japa rē
Iśṭanām satyanām muktinām japa rē

Chantons le nom d'Amba, la demeure de l'action (karma) et de l'union avec le Divin (yoga).
Chantons le Nom bien-aimé, le Nom bien- aimé, véridique et libérateur !

Amba nāma bhakti dhāma jñana dhāma japa rē
Iśṭanām satyanām muktinām japa rē

Chantons le nom d'Amma, la demeure de la dévotion et de la Connaissance.
Chantons le Nom bien-aimé, le Nom bien- aimé, véridique et libérateur !

Amba nāma brahman nāma divya nāma japa rē
Iśṭanām satyanām muktinām japa rē

Chantons le nom d'Amma, le nom de l'Absolu, le nom divin.
Chantons le Nom bien-aimé, le Nom bien- aimé, véridique et libérateur !

JAYA JAGADAMBĒ JAYA JAYA MĀ

Jaya jagadambe jaya jaya mā
Jaya durga mā jaya kāli mā
Jaya mā jaya mā jaya jaya mā
Jaya durga mā jaya kāli mā

Amṛtānandamayī jaya jaya mā
Brahmānandamayī jaya jaya mā

Sītā rādha rukmini mā
Ūmā ramā brahmānī jaya jaya
Sītā rādha rukmini mā
Jaya mā jaya mā jaya mā jaya jaya mā
Jaya durga mā jaya kāli mā

Victoire à la Déesse de l'univers ! Victoire à Durga, qui nous protège des souffrances liées au monde ! Victoire à Kali, la déesse au teint sombre !
Victoire à la Mère de la béatitude immortelle, à l'Absolu !

JAYA JAYA BHAYA BHAÑJINI

Jaya jaya bhaya bhañjini
janani bhuvana rañjini
Sakala hṛdaya hāriṇi
abhayam kuru mālini

Victoire à la Déesse qui nous délivre de la peur, victoire à la Mère qui rend le monde heureux et attire tous les cœurs ! Daigne me protéger !

Jayatu jayatu śaṅkarī jayatu jayatu śubhakarī

Victoire à Shankari (l'épouse de Shiva), victoire à Celle dont les actes sont bénéfiques.

Malayā cala vāsini mamatā mada śūlini
Janana maraṇa vāriṇi jaya jaya bhava tāriṇi (Jayatu...)

Victoire à Celle qui demeure sur la montagne Malaya (remplie de bois de santal) Celle qui anéantit le sentiment du « moi » et l'égoïsme, qui met fin au cycle des renaissances, la déesse Kali qui nous aide à traverser l'océan de l'existence en ce monde.

Śvētāmbara dhāriṇī śyāme mṛdu gāmini
Śrīśaila vihāriṇi śōkārtti vināśini (Jayatu...)

Vêtue de blanc, le teint bleu sombre, la démarche gracieuse, Elle va librement sur la montagne, devant Elle s'évanouissent la tristesse et l'avidité.

Ōmkāra svarūpiṇi hrīmkāra nivāsini
Kāmēśa vilāsini kāḷi kuḷa yōgini (Jayatu...)

Incarnation du OM, Tu demeures dans le son hrim, épouse de Shiva, yogini, déesse Kali.

JAYA JAYA DĒVĪ DAYĀLA HARI

Jaya jaya dēvī dayāla hari
Jananī sarasvati pālaya mām

Gloire à la Déesse, à la Bien-aimée de Vishnu,
Mère Sarasvati, protège-moi !

Amalē kamālā sana sahite
Albhuta carite palaya mām

Protège-moi ! Déesse assise sur un lotus,
Toi dont l'histoire est merveilleuse.

Catur mukha bhāryē mām pahi
Vāṇi sarasvati vāg dēvī

O Fille de Brahma, protège-moi, Déesse de la parole !

Mātā mangaḷa guṇa śīlē
Manogña śīlē pālaya mām

J'implore Ta protection, Mère ! Ta forme est charmante
et Tu es dotée de toutes les vertus.

Sarasvatī pūrṇa kadākṣa vīkṣaṇi
Varapradāyini pālaya mām

O Sarasvati ! Tu accordes la Plénitude, Tu joues de la vina (luth indien), protège-moi !

Vīṇapāṇi kalay vāṇi
Janani sarsvatī pālaya mām

O Toi qui joues de la vina, Mère Sarasvati, protège-moi !

JAYA MURALĪDHARA MĀDHAVĀ

Jaya muralīdhara mādhavā mukundā
vraja lalanārccita vēṇuvāda lōlā
Yadukula nāyaka rāsakēḷi ramyā
mṛdupada narttana rādhikā samētā (sans reprise)

Victoire à Muralidhara, Madhava, Munkunda (différents noms de Sri Krishna), le joueur de flûte adoré par les jeunes filles de Vraj. O Seigneur de la famille des Yadavas, bel enfant aux tendres pieds qui danse la rasa lila avec Radhika.

Surajana sēvita śōbhanātma rūpā
munijana mōhana mañjuḷ āvatārā
Janimṛṭi mōcana dēvakī tanūjā
bhava bhaya bhañjana bhavya divya līlā

O Beauté incarnée que servent les dieux, Incarnation du Soi lumineux,
Toi qui enchantes l'esprit des sages. O Fils de Dévaki, Toi qui libères du cycle des naissances et des morts, Ton jeu divin est de détruire la peur liée à l'existence en ce monde.

Śaśimukha sundara gōpa vēṣa dhāri
paśupati pūjita pāpanā śakārī
Dṛtamaṇi nūpura vaijayanti mālī
śubhapada pallava pītavāsa dhārī

O bel enfant dont le visage respendit comme la lune,
vêtu comme un petit pâtre, vénéré par Pashupati (Shiva),
Tu détruis les péchés... O Seigneur, Tu portes des bracelets
de cheville ornés de clochettes et une guirlande de fleurs sauvages,
Tu es vêtu de jaune ; que Tes pieds sont doux !

Kuvalaya lōcana kumkum āṅkitāṅgā
mṛduhasi tānana nīlamēgha dēhā

Āśaraṇa pālana pāvanā murārē
vraja jana jīvana vāsudēva śaurē

O Seigneur dont les beaux yeux allongés ont la forme des pétales du lotus,
Ton corps est enduit de vermillion, tendre est Ton sourire,
Ton corps a la couleur des nuages bleus. Tu protèges ceux qui n'ont pas d'autre refuge, O Murari ! O Enfant sacré,
Tu es la vie des gens du Vraj, O Vasudéva, Shauré (Krishna).

JAYA PARAMĒŚVARI JAGADAMBĒ

Jaya paramēśvari jagadambē
amṛtānandamayī ambē
Janimṛti nāśini karuṇābdhē
śubha matidāyini daya rūpē

Gloire à la Mère suprême, à la Déesse de l'univers ! O Mère Amritanandamayi !
Déesse de mon cœur, Tu détruis le cycle des naissances et des morts,
Océan de compassion, Tu nous accordes un intellect bénéfique,
Incarnation de la bonté.

Śritajana pālini mṛdulāngī
jana mana hāriṇi jayadātri
Kalimala mōcini kamalākṣī (chorus ā la fin du chant)
tribhuvana mōhini tripurēśī

Victoire à Celle qui protège ceux qui prennent refuge en Elle, Celle dont le corps est doux, qui dérobe les cœurs et accorde la victoire, Déesse qui détruit les impuretés du Kali Yuga (l'âge sombre du matérialisme), dont les yeux ont la forme des pétales de lotus et qui charme les trois mondes, Déesse des trois cités (le corps physique, subtil et causal).

Nija sukha dāyini nikhilēśī
bhava bhaya hāriṇi bhuvanēśī
Manalaya kāriṇi hṛdayēśi
mṛdu pāda narttana paramēśi

Victoire à Toi, O Mère, Tu accordes la béatitude du Soi,
Déesse universelle,
Tu anéantis la peur de l'existence en ce monde, Déesse de l'univers
en qui le mental se dissout, Déesse du cœur, Déesse suprême,
Tu danses à petits pas très doux.

Karuṇā vāridhi kanakāmgi
kavitā kāriṇi kaḷabhāṣi
Vibudha rādhita varadātrī
jagadō dhāriṇi varavāṇi

Victoire à l'océan de compassion, de couleur dorée, Source de la poésie,
Tu accordes le talent, Tes paroles sont exquises et douces, les dieux Te vénèrent, Tu accordes des faveurs et élèves la conscience du monde.

Surajana pūjitā sukharūpē
munijana sēvitā bhavanāśē
Śrutipāda varṇṇitā śubhamūrttē
śivavidhi vanditā caraṇābjē (Jaya paramēśvari...)

Victoire à l'Incarnation du bonheur, Celle que les dieux adorent
et qui détruit le cycle des naissances et des morts, Déesse
que les ascètes vénèrent, dont la forme est propice,
Celle que les Ecritures glorifient et dont les pieds de lotus
sont adorés par Brahma et Shiva.

JAYATU JAYATU SADGURU

Jayatu jayatu sadguru śrī caraṇam
amṛtānandamayī śubha caraṇam

Gloire aux pieds sacrés du satguru ! O Mère Amritanandamayi,
Tes pieds sacrés sont bénis.

Ātma prakāśaka sadguru caraṇam
mārga pradīpaka śrī caraṇam
Yōga sapōṣaka sadguru caraṇam
bhōga vipāṭana śrī caraṇam
āmṛtānandamayī śubha caraṇam

Les pieds du satguru qui illuminent l'âme,
ces pieds sacrés qui éclairent le chemin,
les pieds du satguru qui favorisent le yoga
(l'union de l'âme individuelle et du Soi suprême)
ces pieds sacrés qui éliminent la sensualité.

Andhatam ōlaya sadguru caraṇam
bandhuram āyālaya caraṇam
Prēma rasāmṛta sadguru caraṇam
tyāga nidarśana śrī caraṇam
āmṛtānandamayī śubha caraṇam

Les pieds du satguru qui dissolvent les ténèbres qui nous aveuglent,
ces pieds sacrés qui dissipent l'illusion de l'attachement,
les pieds sacrés du satguru sont l'essence de l'amour divin,
ces pieds sacrés nous montrent la voie du renoncement.

Satya sanātana sadguru caraṇam
nitya nirañjana śrī caraṇam
Guṇa nirguṇa maya dvandva viśālam
advaitātmaka parama padam
amṛtānandamayī śubha caraṇam

Les pieds sacrés du satguru sont la Vérité éternelle, ces pieds adorables sont éternellement purs, ils englobent le monde de la dualité, avec ou sans attribut, et le stade ultime de la non-dualité.

JHILAM JHILAM

Jhilam jhilam cilaṅkakal padam padam kiluṅgavē
ulaññu raññu lāsya mārnnu nṛttamāṭi kāḷikā
Kṣaṇam kṣaṇam kulu kiyaṭi vāḷ ilakki bhairavi
en manas sariññu taḷḷi aṭṭahāsam iṭṭavaḷ

Kali dansait avec vigueur, le bruit de ses bracelets de cheville « jhilam jhilam » résonnait partout.
Puis, dans un sursaut, Bhairavi a brandi Son épée et dans un rugissement, Elle a tranché les derniers vestiges de mon mental.

Śūlam iṭṭiḷakki ente ñanine pilarnnaval
nisva nākki enne ātma vīthiyil eriññavaḷ
Naṣṭa māyoriṣṭa vastu keṭṭi yaññu pulkuvān
pāṭu peṭṭorenne nōkki durga hāsyam ārnnahō

Elle a brandi Son trident devant moi et a exorcisé le sentiment du « moi ». Elle m'a laissé sans ego et m'a catapulté sur la voie du Soi. Ce que je chérissais et à quoi je m'agrippais s'était envolé pour toujours. Je suis resté totalement ébahi et Durga a ri de moi !

Teḷiññu maññiṭunna chitra jālamāya sriṣṭiyil
amba ninne ñan maranna tente kuttam ākkōlā
Devakaḷ trimūrttikaḷ maharṣikaḷ samastarum
dēvī ninte māyayil bhramiccuṭinna tillayō

O Mère, est-ce ma faute si je T'ai oubliée, perdu dans ce monde en perpétuel changement, ce kaléidoscope de Ta création ? Même les dieux, la trinité (Brahma, Vishnu et Shiva) et les sages se font prendre au filet de Ton illusion (maya) !

Kaṇṇuruṭṭi nāvu nīṭṭī ugra rūpa mārnniṭūm
ammaye namiccu kuttamēttu cōlli ñan mudā
Nirañña pū nilāvu pōle puñciriccu kāḷikā
teḷiññoren manassil āke śānti cinti ambikā

Je me suis prosterné, j'ai tout avoué à cette forme redoutable de la Mère divine qui se tenait devant moi, roulant des yeux, la langue sortie.
Kalika m'a souri ;ce fut comme si la pleine lune m'inondait de sa lumière rafraîchissante.
Ambika a rempli mon esprit de clarté, d'une paix ineffable.

Amba ninne visma riccha tettu ceytiṭ illini
ninṭe prēma bhakti mātram āśrayam kṛpāmayī
Smariccu ninne eppozhum marikkilum smariccitān
labhicci ṭāvu viśramam mahēśi nin padaṅgaḷil

Mère, jamais plus je ne T'oublierai, jamais plus je ne commettrai d'erreurs.
Désormais, mon seul refuge sera mon amour et ma dévotion pour Toi.
Je penserai sans cesse à Toi, même au moment de la mort. Je ne connaîtrai de repos que lorsque je serai enfin à Tes pieds.

JIS HĀL MĒ

Jis hāl mē jis deś mē jis veṣ mē rahō
rādhā ramaṇa rādhā ramaṇa rādhā ramaṇa bōlō (3x)

Quelle que soit votre situation, votre pays où votre condition, chantez « Radha Ramana ».

Jis kām mē jis dām mē jis gāv mē rahō
rādhā ramaṇa rādhā ramaṇa rādhā ramaṇa bōlō (3x)

Quel que soit votre travail, votre profession ou le village où vous demeurez, chantez « Radha Ramana ».

Jis sang mē jis rang mē jis dhang mē rahō
rādhā ramaṇa rādhā ramaṇa rādhā ramaṇa bōlō (3x)

Quels que soient vos compagnons, votre couleur ou vos émotions, chantez « Radha Ramana ».

Jis yōg mē jis bhōg mē jis rōg mē rahō
rādhā ramaṇa rādhā ramaṇa rādhā ramaṇa bōlō (3x)

Quel que soit votre chemin spirituel, quels que soient les plaisirs que vous goûtez ou votre état de santé, chantez « Radha Ramana ».

JYŌTIR MĀYI MĀ

Jyōtir māyi mā muttumāri mā
Hē śiva śaṅkari dēvī bhagavati jyōtir māyi mā
Dīna dayālō tējōvati śrī jyōtir māyi mā

Kālī! Śūla dhāriṇi jyōtir māyi mā
Bhavāni...jyōtir māyi mā muttumāri mā

Akhilāṇdeśvari sundari bhagavati jyōtir māyi mā
Parāśakti...jyōtir māyi mā muttumāri mā

O Mère, Lumière divine, Tu répands sur nous des perles ! O Bien-aimée de Shiva-Shankara, Mère, Lumière divine ! Tu protèges les malheureux, Tu as l'éclat du Divin... Kali ! Tu brandis le trident, Mère, Lumière divine ! Bhavani, Déesse de l'univers, Incarnation de la Lumière, divine Beauté, Energie suprême, Mère, Lumière divine.

KAHĀ HŌ KANHĀ

Kahā hō kanhā mērē pyārē ghanaśyām
nandalālā nandalālā kṛṣṇa gōpālā
Bōlō nandalālā nandalālā kṛṣṇa gōpālā

Où es-Tu, Kanha (Krishna), mon enfant chéri Ghana Shyam ?
O Nandalala, Krishna Gopala !

Dahi makhan rakhē mēnē tērē hī svāgat mē
āyēngē āyēngē kanhā cāhā mē nē man mē
Āyō nahī nandalālā mākhan nahīm khāyō
nandalālā nandalālā kṛṣṇa gōpālā
Bōlō nandalālā nandalālā kṛṣṇa gōpālā

Je T'ai gardé du beurre et du yaourt. Je chérissais l'espoir de Ta visite.
Mais Tu n'es pas encore venu, O Nandalala. Tu n'as pas goûté le beurre. Où es-Tu ?

Rādhā gōpiyōm kī bhakti dās nahī jānē
kahā hē nandalālā kōyi tō batāyē
ṭhukrānā dēnā kṛṣṇa phūl na jānā
nandalālā nandalālā kṛṣṇa gōpālā
Bōlō nandalālā nandalālā kṛṣṇa gōpālā

Je suis Ton serviteur mais j'ignore tout de la dévotion de Radha et des gopis. Quelqu'un me dira-t-il où est Nandalala ? Je T'en prie, ne m'abandonne pas, O Krishna, ne m'oublie pas.

KĀḶI MĀ JAI JAI MĀ

Kāḷi mā jai jai mā
Kāḷi mā...(sans reprise)

Śyāma sundarī bhairavī mā
Prēma sāgarī madhuri mā (reprendre ā Śyāma...)
Ōmkārēśvarī kāli mā
Hrīmkārēśvari kāli mā (sans reprise)
Kāḷi mā (unisson)

O Mère si belle, Mère au teint sombre, Tu es Bhairavi (une forme de la Mère divine).
Tu es un océan d'amour, Tu es la douceur même. Tu es la forme du OM et aussi celle de la syllabe « hrim » , O Mère Kali !

Trilōka pālinī kāli mā
Triguṇa vināśini kāli mā (reprendre ā Trilōka...)
Virakta bhaktōn mādini mā
Nirasta māyā rakṣakī mā (sans reprise)
Rakṣakī mā (unisson)

Tu protèges les trois mondes, Mère Kali. Tu détruis les trois gunas, O Mère Kali. Les dévots qui ont atteint un détachement parfait Te sont chers. O Mère ! Tu nous protèges de l'illusion.

Parama dayāmayī śivadē mā
Karuṇārṇṇava madhu laharī mā (reprendre ā Parama...)
Jai jagavandinī varadē mā
Jai jagadīśvari śubhadē mā (sans reprise)
śubhadē mā (unisson)

Tu es la compassion suprême, O Mère, Tu accordes tout ce qui est bon. Tu es la douce vague sur l'océan de la compassion. Gloire à Toi que le le monde entier vénère, Toi qui accordes des faveurs à tous. Gloire à la Mère, à la Reine de l'univers !

KĀḶIKĒ DĒVĪ AMṚTEŚVARI

Kāḷikē dēvī amṛteśvari lalitambikē pahi mam
Śyāme śive sundari sarveśvari pahi mam
Jaya durga bhavani ambikē pahi mam
Śakti śrī paraśakti hṛdayeśvari pahi mam

O Mère Amriteshvari, Déesse Kali, Mère Lalita, protège-moi ! O Déesse au teint sombre, épouse de Shiva, divine beauté, Souveraine de l'univers, protège-moi ! Durga victorieuse, épouse de Bhava (Shiva), Mère, protège-moi ! O Puissance suprême et lumineuse, Souveraine de notre cœur, protège-moi !

KĀḶIKĒ ŚYĀMA CANDRIKĒ

Kāḷikē śyāma candrikē
kōmaḷāmgi nī sundarāmbikē
Mōhinī mōha nāśinī
nitya vandinī prēma rūpiṇī

O Kali, belle comme la lune bleue, aux membres magnifiques, Tu nous enchantes et nous libère des désirs, Incarnation de l'amour divin,
Toi que nous adorons sans cesse.

Ammayāy amṛtēśvarī
śanta bhāvamāy kṛpāmayī (2x)
Bhōgavum bhakti muktiyum
nalkum ambanī prēma rūpiṇī (2x)

O Amriteshvari, Tu manifestes une paix parfaite, Tu es pleine de grâce,
Tu exauces les désirs, Tu accordes aussi la dévotion et la Libération,
Tu es l'Incarnation de l'amour.

Karuṇā rasam tūkumā mukham
duḥkha mōcakam śanti dāyakam (2x)
Bhāṣaṇam laḷitōttamam
vaśya sundaram madhurāmṛtam (2x)

Ton visage rayonne de compassion, en le contemplant,
nous trouvons la paix et nos chagrins s'évanouissent.
Ta parole est simple et suprême, O nectar de Beauté et d'Immortalité !

Narttanam etra sundaram
nētrōtsavam prēma pūritam (2x)
Mandamay nṛtta māṭiyen
hṛttilēkiṭū divya darśanam (2x)

Que Ta danse est merveilleuse ! Cette danse est une fête pour les yeux,
elle est aussi l'amour dans sa plénitude. En dansant doucement,
viens dans mon cœur, accorde-moi Ta vision.

KALYĀNA KṚṢṆA KAMINĪYA

Kalyāna kṛṣṇa kaminīya kṛṣṇa
Kāliya mardana śrī kṛṣṇa
Govardhana giridhārī murārī, gōpī mana sañcāri
Vṛdāvana ki tulasi mālā
Pitāmbhara dhārī murārī

O Krishna, Tu accordes ce qui est propice, bel Enfant divin,
Tu as maîtrisé le serpent Kaliya, Tu as soulevé la Montagne Govardhana,
Tu as détruit le démon Mura, Tu vis dans le cœur des gopis, Tu portes une guirlande de tulasi de Vrindavan, Tu es vêtu de jaune.

KAMALĒ KARUṆĀRDRA MĀNASĒ

Kamalē karuṇārdra mānasē
śubhadē śaraṇā gatāśrayē
girijē guru rūpa vigrahē
varadē caturā nanapriyē

kamalē	Celle qui est assise sur un lotus.
karuṇārdramanase	Celle dont l'esprit est rempli de compassion.
śubhade	Celle qui accorde ce qui est favorable.
śaraṇāgatāśrayē	Refuge de ceux qui aspirent à Elle.
girijē guru rūpa vigrahē	Fille de la montagne (Parvati) qui a pris la forme du guru.
varadē	Celle qui accorde des faveurs.
caturānanapriyē	Bien-aimée de Brahma aux quatre visages.

Sukhadē svararūpi śaradē
mahitē madhubhāṣi mañjulē
Lalitē layadātrī nanditē
rasikē mṛdugātri mōhanē

sukhadē	Celle qui donne le bonheur.
svararūpi śaradē	Sarasvati, la déesse de la musique.
mahitē madhubāṣi	Grande déesse, dont les paroles ont la douceur du nectar.
mañjule	Beauté.
lalite laya dātri	Celle pour qui tout est un jeu, Celle qui crée la mélodie.
nanditē	Celle qui est absorbée dans l'être.
rasikē	Celle pour qui tout est bonheur.
mṛdugātri mōhanē	déesse aux membres tendres et ravissants.

Sarasī ruha sundar ānanē
nalinī dala nīla lōcanē
Gaja gāmini gāna lōlulpē
jani mōcini dīna vatsalē

sarasī ruha sundar ānanē	Celle dont le visage a la beauté du lotus.
nālinidala nīlalōcanē	dont les yeux évoquent les pétales du lotus bleu.
gaja gāmini	dont la démarche a la majesté de l'éléphant.
gāna lōlupē	Celle qui est absorbée dans la musique.
jani mōcini	Celle qui sauve (les dévots) du cycle des naissances et des morts.
dīna vatsalē	Celle qui a de l'affection pour les malheureux.

Amṛtēśvari viśva nāyakī
mana hāriṇi manda hāsinī
Kali mōcini sāma gāyakī
śama dāyini śaila nandinī

viśva nāyakī	Impératrice de l'univers
manahāriṇi manda hāsinī	Celle qui captive le mental des dévots et sourit doucement.
kalimōcini	Celle qui nous sauve des maux du Kali Yuga
sāma gāyakī	Celle dont le chant évoque la beauté du Sama Véda
śama dāyini/śaila nandinī	Celle qui nous donne la patience/Fille de la Montagne.

KANḌRUKAL MĒYTIṬA VANTĀY

Kanḍrukal mēytiṭa vantāy kaṇṇā
kārmukil nigarttiṭum kaṇṇā
Kudriṇai kuṭayāy piṭittavanē
kōvala en maṇivaṇṇā

O Kanna ! Le petit berger qui, avec amour, menait paître son troupeau,
Celui dont le teint évoque les nuages bleus sombres,
Celui qui a soulevé la montagne Govardhana pour en faire un parapluie,
mon Bien-aimé à la forme enchanteresse !

Śiruviral kuzhalinai taṭava
sēvaṭi kiṅkiṇi muzhaṅga
Karavaigaḷ kūṭṭam naṭuvē
kanivuṭan uṭane varuvāy
Kaṇṇā...maṇivaṇṇā...
kuzhal mannā...ezhil vaṇṇā

Te voilà, plein d'amour au milieu des vaches,
tandis que Tes jolis petits doigts jouent de la flûte
et que les clochettes de Tes bracelets de chevilles tintinnabulent.
Kanna... joueur de flûte... à la forme enchanteresse.

Mizhikaḷil niraintiṭa vārāy
vinaikaḷai pōkkiṭa vārāy
Vazhikaḷai kāṭṭiṭa vārāy
vāzhvinil nalam tara vārāy
Kaṇṇā...maṇivaṇṇā...
kuzhal mannā...ezhil vaṇṇā

Daigne combler mes yeux en m'accordant Ta vision,
Source de béatitude, et me libérer de tous mes défauts.
Guide-moi sur la voie qui mène au But ultime de la vie.

Māyavan unnai paṇivōm
mādhava manatil oḷirvāy
Tūyadōr ulakam kāṭṭi
tūmaṇi viḷakkāy aruḷvāy
Kaṇṇā...maṇivaṇṇā...
kuzhal mannā...ezhil vaṇṇā

Nous T'implorons, O Maître magicien qui brille dans notre cœur. Montre-nous un monde de pureté en nous guidant, Lumière incomparable.

KANIVIN KAṬĀKṢAM

Kanivin kaṭākṣam coriyān nī varumō?
varadāna sunayanā śrī bhagavan murārē
Karaḷāke piṭayunnū paritāpam perukunnū
kaḷiyāyi tukarutātu ṭanarikil varumō?

O Seigneur Murari (Krishna), viendras-Tu poser sur moi Ton regard plein de compassion ?
Mon cœur tremble, mon chagrin augmente. Ne prends pas cela comme un jeu ; viendras-Tu près de moi sans délai ?

Bhava bandhana mazhiyān manaḥ
sukham innu ivan aṇayān
taraṇē ceru tuṇa ninnuṭe kanivin mizhi munayāl
Naru puñciri vazhiyum mukha kamalam manataḷirin
kaṇi kāṇmatina aṭiyaniṭa yaruḷīṭuka bhagavan !

D'un regard plein de compassion, lancé du coin de l'oeil, daigne dans Ta bonté m'accorder un peu d'aide pour que tombent les chaînes qui me lient au monde,
et que je goûte un peu de paix intérieure. O Seigneur, daigne m'accorder la vision de Ton visage de lotus souriant.

Pala janmani pativāy kazhivi yalātuzha rukayāy
bhava nāśana bhagavan! tava pādatāratil aṇayān
Taḷarunnu ṭalatupōl mati balavum poy sakalam
ini yennuṭe gati ninnuṭe hitameṅgan eyatupōl

O Seigneur, je T'ai cherché au cours de bien des vies, sans réussir à T'atteindre. Mon corps et mon esprit s'affaiblissent maintenant, et c'est Toi qui va décider de mon sort.

KANIVUṬAYŌN KAṆṆAN

Kanivuṭayōn kaṇṇan kaniviyann akatāril
varum ennu karuti ñān kāttirunnu...

O Kanna, Incarnation de la compassion, dans l'espoir
que Tu répandrais Ta compassion et viendrais dans mon cœur...

Karayuvān kaṇṇunīr illātta kaṇṇukaḷ (sans reprise)
kamanīya vigraham kāttirunnu... kaṇṇā
kamanīya vigraham kāttirunnu

J'ai attendu de voir Ta forme splendide,
les yeux secs à force de pleurer.

Karuṇatan kara kāṇa kaṭalāṇu nī... nēril
ariyuvōr karivinte uravāṇu nī...
Narajanma sukṛtattin phalamāṇu nī
Cuṭu vyathapūṇṭa hṛdayattin taṇalāṇu nī

Tu es l'Océan infini de la compassion.
Pour ceux qui connaissent Ta nature réelle,
Tu es la Source de toute connaissance, le fruit des actions vertueuses accomplies au cours de nombreuses vies humaines.
Tu es l'ombre qui apaise le cœur brûlant de chagrin.

Nirantara dhyānattin layamāṇu nī... bhakti
paravaśa hṛdayattin amṛtāṇu nī
Agatikaḷkka viratam avalambam nī...
Bhāva layahṛttil anubhūti dhanamāṇu nī...

Tu es l'état de béatitude, fruit d'une méditation constante.
Tu es le nectar du cœur ravi dans l'extase de la dévotion.
Tu es le refuge constant de ceux qui n'ont pas d'autre soutien.
Tu es la richesse de l'expérience du cœur absorbé dans la béatitude divine.

KAÑJALŌCANĒ

Kañjalōcanē amba kamra vigrahē
kanma ṣāpahē amba kavini ṣēvitē

O Mère ! Belle déesse dont les yeux ont la forme des pétales du lotus,
Tu détruis les péchés et les impuretés, Toi que les sages vénèrent.

Sarva saukhyadē amba sadgati pradē
sarva siddhidē amba pāhimām śivē

Toi qui accordes le bonheur, l'illumination et tous les pouvoirs,
O Mère, Toi qui es propice, je T'en prie, sauve- moi !

Hari harārcitē amba mada vivarjjitē
harihara priyē amba sura supūjitē

O Mère ! Toi qui es vénérée par Krishna et par Shiva, Toi qui es sans orgueil, aimée de Vishnu et de Shiva, Toi que les êtres célestes vénèrent...

Hamsa vāhanē amba hamsa lakṣitē
simha vāhanē amba sundarānanē

O Mère (Sarasvati), Ta monture est un cygne, Tu es le but du mantra « Ham Sa »,
Tu chevauches un lion (Durga), Ton visage resplendit de beauté...

KAṆṆĀ TĀMARA KAṆṆĀ

Kaṇṇā tāmara kaṇṇā
kaṇṇā kārmēgha varṇṇā
Nīlōlpala mizhi nirupama lāvaṇya
nitānta ramaṇā kaṇṇā... kaṇṇā
nitānta ramaṇā kaṇṇā

Kanna (l'enfant Krishna) aux yeux de lotus !
Kanna au teint sombre comme les nuages,
Tes yeux, comme des lotus bleus, répandent la grâce divine.
Tu es mon Bien-aimé pour l'éternité.

Vṛndāvanattile rādhikaye pōle
indranī laprabha tēṭi
Iravum pakalum ariyāt uzhaḷum
iniyī manassil teḷiyū kaṇṇā...

Comme Radha de Vrindavan, je cherche Ta lumière bleu-sombre.
Inconsciente des jours et des nuits, je me languis de Toi.
Daigne apparaître en moi, O Kanna !

Kāḷiya mardanam gaurava bhāvam
kaikkoṇṭa nandana bālā
Karuṇā mayanē śaraṇā gatanē
kāṇān gatiyaruḷū kaṇṇā... ninne

Fils de Nanda, Tu as pris un aspect redoutable pour triompher du serpent Kalya.
O Toi qui es compatissant, refuge des démunis, bénis-moi je T'en prie de Ta vision.

KAṆṆUNĪR VĀRNNU

Kaṇṇunīr vārnnu vārnnammaye kāṇāte
nnuḷḷile paital taḷarnnu...
Snēhō ṣmaḷaṅgaḷām tēn mozhi tīrtthatte
yennini ñān ācamippū...

L'enfant en moi est las de pleurer en appelant Amma.
Quand pourrai-je savourer l'eau sacrée de Ses paroles douces et aimantes ?

Kāttinte kaikaḷāl taṭṭi terippicca
kāṭṭumulla pūvu pōle
Innī vazhiyil anāthanāy tīrnnoren
ātma duḥkham āravivū...

Comme une fleur de jasmin emportée par le vent et tombée au bord du chemin, je suis orphelin. Qui connaît la profondeur de ma souffrance ?

Otta kirunnu ñān tēṅgunnu jīvitam
duḥsvapnauttamāy māri
Āḷunna ti nānpilūṭen manam
nīri veṇṇīrāyi māri...

J'ai pleuré seul pendant si longtemps. Ma vie n'est qu'un cauchemar,
mon cœur, consumé de chagrin, n'est plus que cendres.

Nerāṇu nīyakannāl pinne ātmāvu
śūnyamāy tīrunnu tāne...
Ērum nissāratā bōdham manassine
hā sadā nir vīryamākki

Quand Tu es absente, je ne sens plus qu'un vide infini.
Je me sens abandonné et je perds tout enthousiasme.

KARTTURĀÑJAYĀ PRĀPY

Kartturāñjayā prāpyate phalam
karma kim param karma tajjaḍam
kṛti mahodadhau patana kāraṇam
phalam aśasvatam gati nirodhakam

Selon les lois du Seigneur nous obtenons les fruits de nos actes. Comment une cause finie pourrait-elle donner des fruits infinis ? Dans le vaste océan des actions, les résultats impermanents provoquent la chute (de l'être humain) et constituent un obstacle à son progrès.

Īsvarār pitam neccayā kṛtam
citta śodhakam mukti sādhakam
kāya vāṅmanaḥ kārya muttamam
pūjanam japaścinnam kramāt

Les actes accomplis comme une offrande au Seigneur et sans attachement à leur résultat purifient le cœur et sont un moyen d'atteindre la Libération.
La méditation, la récitation des litanies et les rituels d'adoration sont donc hautement bénéfiques de ce point de vue.

Jagata īśvadhi yukta sevanam
aṣṭamūrti dṛdeva pūjanam
uttamastavā ducca mandataḥ
cittajam japa dhyāna muttamam

Servir le monde en sachant que ce service est la (véritable) adoration du Seigneur, qui assume les huit formes, chanter (la gloire du Seigneur) est bon.
Mais le japa à voix haute est supérieur à cela. (Supérieur à cela est le japa fait avec les lèvres).
Supérieur à cela est le japa fait par l'esprit. Le japa silencieux est le meilleur (le plus subtil).

Ājyadhāraya strota sāsamam
sarala cintanam viralataḥ param
bheda bhāvana tse ha mityasau
bhāvanā bhidā pāvanī matā

La contemplation ininterrompue (du Seigneur), pareille à un flot de ghee ou au flot d'une rivière, est supérieure à la contemplation intermittente. Au lieu de méditer en concevant son être comme séparé du Seigneur, la vision non-dualiste (Je suis Lui) purifie et conduit le jiva à sa nature essentielle - tel est le point de vue des Écritures.

KARUNA SINDHO BHAIRAVI

Karuna sindho bhairavi
amṛtānandamayī devī
Karuna sindho bhairavi (sans reprise)

karuna sindho	Océan de compassion
sindho bhairavi	nom d'un raga dans lequel ce chant est composé.
bhairavi	Déesse

Pūṛṇa brahma svarūpiṇyai
saccidānanda mūrttaye
ātmā rāmāgra gaṇyāyai
amṛteśvaryai namo namaḥ

Notre adoration à Amma, la Déesse immortelle, la manifestation complète de la Vérité absolue, qui est existence, connaissance et béatitude incarnée, Suprême parmi ceux qui se délectent de la connaissance du Soi.

Sarva mangaḷa māngalye
śive sarvartha sādhike
sarṇye trayambake gauri

nārāyaṇi namostu te
Amṛteśvari namostu te

Nous Te saluons, O Narayani, Amriteshvari, Essence du Bien, Dévi, Tu es propice et c'est par Toi que tout est accompli, Toi qui accordes Ton refuge, O Gauri aux trois yeux.

Tvameva mata ca pītā tvameva
tvameva bandhus ca sakhā tvameva
Tvameva vidyā dravinam tvameva
tvameva sarvam amṛteśvari mā (2x)

Tu es ma mère et mon père, Tu es ma famille et mes amis, Tu es mon savoir et ma richesse, Tu es tout pour moi, Mère Amriteshvari.

Śaraṇāgata dīnārtha paritrāṇa parayaṇē
sarvasyārthi hare devī
nārāyani namostu te
Amṛteśvari namostu te

Salutations à Toi, Narayani, Amriteshvari, Tu es déterminée à sauver les malheureux qui prennent refuge en Toi. O Dévi, Tu balayes la souffrance de tous !

Śrīmātā śrī mahārājñī śrīmat simhāsan'eśvari
cidagni kuṇḍa sambhūtā deva kārya samudyatā
Amṛteṣvariyai namo namaḥ

Notre adoration à Amma, la Déesse immortelle, la Mère propice, l'Impératrice de l'univers, qui règne sur le trône le plus glorieux, Celle qui est née du feu de la pure Conscience, résolue à exaucer les désirs des dieux.

Karuna sindho bhairavi amṛtānandamayī devī
Karuna sindho karuna sindho karuna sindho bhairavi

O Déesse Amritanandamayi, Océan de compassion, Incarnation de l'océan de compassion (nom du raga) !

KARUṆĀMAYĪ HṚDAYEŚVARĪ

Karuṇāmayī hṛdayeśvarī amṛteśvarī sarveśvarī
Dayāmayī jagadambe mātā
Śaktī mayī ammā kāḷi maheśvarī
Ammē... ādī parāśaktī

O Mère Amriteshvari, Déesse suprême, Tu es pleine de compassion,
Tu règnes sur les cœurs, Tu es notre Mère, Tu es toute-puissante, suprême Déesse Kali, Énergie suprême et primordiale.

KARUṆĀMAYĪ KANIVU TŪKAṆĒ

Karuṇāmayi kanivu tūkaṇē
karaḷ uruki karayum ivanil kanivu tūkanē
Avaniyil ñān verum anāthan
aruḷaṇē hṛdi abhayam...

O Mère compatissante, daigne répandre sur moi Ta grâce.
J'ai pleuré si longtemps, le cœur brisé, fais preuve de bonté envers moi.
Je suis orphelin dans cet univers. Daigne m'accorder Ton refuge.

Akale yakaleyum arikil arikilum
hṛdaya malarilum niravu nī
Aṇuvil aṇuvum nī mahatil mahatum nī
praṇava svara layanil ayavum

Tu es plus loin que que le plus loin et plus proche que que le plus proche.
Tu es aussi dans le lotus de mon cœur. Tu es plus petite que le plus petit
et plus grande que le plus grand. Tu es le lieu où le son Om se fond en lui-même.

Calavuma calavum calana hētuvum
calana mattati gamanavum,
Paravum aparavum parama śāntiyum
samayavum sthala makhilam nī

Tu es l'animé et l'inanimé. Tu es la cause de tous les mouvements. Tu es tout ce qui est dans cet univers et au-delà. Tu es la paix éternelle.
Tu es le temps et l'espace.

Tikavil tikavu nī mikavil mikavu nī
sakala bhuvanaika kāriṇi
Arivin arivu nī arivin nuravu nī
nikhila nigamānta sāravum

Tu es l'Essence de la plénitude et de la beauté, la Cause de l'univers, l'Essence et la Source de la sagesse, la Source de toute connaissance.

Arivil uṇaruvān amṛtu nuṇayuvān
abhayam aṇayuvān kaniyaṇē!
Bhava mahārṇṇava bhay nivāriṇi
taraṇamē sucir āśrayam

O Mère divine, bénis-moi en m'accordant la connaissance et la sagesse. Protège-moi de toutes les calamités et de la peur. Sois mon abri, mon refuge.

KĀRUṆYA DHĀMAMĒ AMMĒ

Kāruṇya dhāmamē ammē...
kattu koḷḷēṇamē ammē...
Nin prēma monnināy kezhunno-renne nī
nin padam cērkkente tāyē... dēvī
śrī lalitē viśvamātē

O Mère compatissante, protège-moi. Je pleure pour obtenir Ton amour.
O Lalita ! Mère de l'univers, puissé-je me fondre en Tes pieds de lotus.

Tārukaḷ tāzhattu kūmbī...
tārakaḷ mānattu maṅgī...
Andhata tiṅgiyoren vazhi tārayil
innumenn-amma vannīllā... dēvī
en manam tēṅgi taḷarnnu

Les étoiles s'inclinent à l'horizon et pâlissent. Mère n'est toujours pas venue dans ma ruelle obscure. O Déesse, mon cœur est fatigué de pleurer.

Ī pakalum itā pōyī...
ī rāvum ippōḷ kazhiyum
Vēdana tinnu tinnammaye kāṇāte
tōratta kaṇṇukaḷ mazhki– ammē
ī kuññu vāṭi ttaḷarnnu

Cette journée s'est enfuie en un clin d'oeil, la nuit aussi sera bientôt passée. J'ai versé des larmes sans réussir à voir Amma.
O Mère, je suis épuisé d'avoir souffert aussi longtemps.

Innu vannīṭum ennamma
ippōzh ettīṭum ennamma
Ennumī cintayil ellā nimēṣavum
kātt irikkunnu nin paital– ammē
kaṇṇu cimmāt irikkunnu

Mère, cet enfant T'a attendue sans battre des paupières, pensant que tu viendrais maintenant, aujourd'hui même.

Onu cintiykku-kennammē
entinī krūra vinōdam
Ikkoṭum kāṭṭil nī enne veṭiññīṭān
entu ñān ceytente tāyē–vekkam
enne nī vanne ṭukkeṇē

Mère, pourquoi ce jeu cruel ? Songe un instant, pourquoi me laisses-Tu seul dans cette jungle épaisse et effrayante ? Qu'ai-je fait pour mériter cela ? Mère, je T'en prie, viens me prendre dans Tes bras pour me ramener à la maison.

KĀRVARṆṆANE KARUṆĀMAYANE

Kārvarṇṇane karuṇā mayane - kaṇṭō
kāyām pūkkaḷē niṅgaḷ?
Pūkkaṇi konnakaḷ pītāmbaravumāy
kāttu ninnīṭunnat āre? (2x)

O fleurs kayambu, avez-vous vu Krishna au teint sombre, au cœur miséricordieux, vêtu de jaune étincelant ?
Avez-vous vu Krishna, qu'attendent ces grappes de fleurs kanikkonna ?

Ōrmmayil eppozhum ōḷam tuḷumbumā-
vēṇu gānāmṛta rāga dhāra
Ōmkāra nāda taramgam uṇarttumī
ālila tennalin ārunalki ?

Le souvenir de la musique enchanteresse jaillissant de Sa flûte me hante.
Qui donc a insufflé cette musique à la brise joueuse d'où jaillit le son Om ?

Nīla kaṭambukaḷ pūkkunn iṭaṅgaḷil
nīlā ravindam viṭarunn iṭaṅgaḷil
Tēṭittiraññ ente niṣphala nētraṅgaḷ
vāṭittaḷarnnu maṭaṅgi

Mes yeux sont las de Le chercher partout, partout où les fleurs de kadamba s'épanouissent, partout où fleurit le lotus bleu.

Kaṇṇaṭaccātmāvil tiṅgum viṣādattāl
kaṇṇane yōrttu ñān etra tēṅgi
Kaṇṭill itēvare kaṇṇīru mātramen
kaṇṇan enikkentin ēki ?

Fermant les yeux et songeant à Krishna, j'ai pleuré de douleur, l'âme remplie de souffrance. Hélas, Il est demeuré introuvable. Pourquoi Kanna ne m'a-t-Il donné que des larmes ?

KAṬALŌRAM TAVAM

kaṭalōram tavam ceyyum kāḷiyammā
kanilōṭu emāi kākkum śaktiyammā
maṭal viriykkum tāzhai ena bhakti veḷḷam
maṇpatayil pāyccu kintra śaktiyamma

O Mère Kali ! Tu te consacres à l'ascèse, assise sur le rivage ; Tu me protèges avec compassion ; pareille à la fleur épanouie qui répand son parfum, Tu irrigues le cœur des dévots avec les eaux de la dévotion.

piravi yenum kaṭal kaṭakka tōṇi āvāḷ
pirpaṭṭōr nalam peravē ēṇi āvāḷ
marati enum mayakkatte pōkkiṭuvāḷ
manatil ire cintanaiyai vaḷar tiṭuvāḷ

Kali est le navire qui nous fait traverser l'océan de l'existence en ce monde.

Elle est l'échelle qui permet aux démunis de s'élever. Elle déchire l'illusion de l'oubli et inspire des pensées divines.

uravu solli tiruvaṭiyai patti nirppōr
uyarvaṭaya varam taruvāḷ entrum avaḷ
turavi yerum pōṭṭru kintra tūyavaḷē
teviṭṭāte pērinpam taru pavaḷē

Elle accorde des faveurs à ceux qui ont pris refuge à Ses pieds. Les ascètes la glorifient. C'est Elle qui accorde la béatitude éternelle.

KATTĪṬUKAMMĒ Ī KŌMAḶA

Kattīṭukammē ī kōmaḷa vigraham
kāruṇya pūrvvamī makkaḷkkāyī
pāvamī makkaḷkku vērillor āśrayam
prēma svarūpamī ammamātram (2x)

Amma, par compassion pour Tes enfants, protège Ton corps délicat.
Ces pauvres enfants n'ont pas d'autre refuge qu'Amma, l'Incarnation de l'Amour.

Bhakta janaṅgaḷkku kiṭṭīṭumoṭṭere
mūrtti kaḷum guru bhutan mārum
Ennālīma kaḷkku vērillor āśrayam
ammayallāteyī pāriṭattil (2x)

Il existe un grand nombre de dieux et de Maîtres pour les dévots; mais ces enfants n'ont pas d'autre refuge qu'Amma en ce monde.

Ñaṅgaḷ tan śvāsani śvāsavum prāṇanum
ammayilennō layyiccupōyi
Amma yillāttorī lōkattil alpavum
vāzhuka yillayī makkaḷ ammē (2x)

Notre souffle même, notre force vitale, tout s'est dissout en Amma il y a bien longtemps. Ces enfants ne peuvent plus vivre dans un monde privé de Toi.

Mattoru cintaykkum iṭamilla ñaṅgaḷil
muktiykkum illammē tellumāśa
Vēṇṭatī prēma svarupam atumātram
kāttīṭukammē ī vigrahatte (2x)

Il n'y a plus de place en nous pour d'autres pensées.
Nous n'aspirons même pas à la Libération. Ce que nous voulons, c'est cette incarnation de l'Amour.
Alors, s'il Te plaît, préserve Ton corps si beau.

KĒḶKKĀTTA BHĀVAM

Kēḷkkātta bhāvam naṭipatentē
ariyātta bhāvam naṭipatentē
Ammē ī kuññin ī piṭayunna hṛdayattin
tēṅgaḷ dhvanikaḷ aṅgettāttatō (2x)

Pourquoi fais-Tu semblant de ne pas entendre mes sanglots ?
Pourquoi fais-Tu comme si Tu ignorais ma douleur ?
O Mère, Les sanglots de ce cœur qui palpite ne sont-ils pas parvenus à Tes oreilles ?

Ēzhayām en vili kēḷkkā tirikkān
kāraṇam entennu colliṭāmō
Prēmam illāññatō jñānam illāññatō
kāruṇya tīrttham nī cori yāññatō (2x)

Pourrais-Tu me dire pourquoi Tu ne réponds pas
à l'appel de cet enfant impuissant ?
Est-ce parce qu'il manque d'amour ou de sagesse ?
Est-ce que Tu ne souhaites pas répandre le nectar de la compassion ?

Ārōrum illā torēzha ñān ammē nin
prēma lābhattināy entu ceyvū
Lōkam marakkām ñān enne marakkām ñān
ammē ninakkāy innellām marakkām ñān (2x)

Me voilà impuissant et abandonné. Que faire pour obtenir ton amour, O Mère ?
Je vais oublier le monde, je vais m'oublier moi-même. Pour Toi, je vais tout oublier.

KṢAṆAM ENNU VANNIṬUM

Kṣaṇam ennu vanniṭum jagadamba vanniṭum
mama mānasam sadā eriyunnu kāḷikē
Urukunnu nencakam poriyunnu jīvanum
iruḷunnu cintakaḷ takarunnu śāntiyum

O Mère de l'univers, O Kali, je T'en prie, viens vite !
Mon cœur brûle de Te voir. Mon cœur fond, ma vie est en feu, je n'ai pas un soupçon de paix intérieure.

Vazhi pārttu pārtumē mizhiyō kuzhi ykkakam
mizhinīr pozhiññitil vazhi pāzhilō śivē
Hṛdi āttu nōttu ñān tiru darśanārttiyil
teḷiyēṇam uḷḷil nī varum ennu kāḷikē

Les larmes aux yeux, le regard fixé sur la tombe, j'ai avancé avec beaucoup de précautions. Oh, tout cela était-il en vain ?
Mon cœur a soif de Ton darshan (vision),
O Kali, quand me l'accorderas-Tu ?

Japamilla tellumē tapamilla collumē
arivētu millamē tuṇa āke nī umē
Kazhi vattor ēzha ñān mizhi vatta dīnanē
kuzhayum kuzhan taye tazhukān maṭikkolā

O Uma ! Tu es ma seule compagnie, il n'y a personne d'autre.
Je ne récite pas de mantra, je ne pratique pas d'austérités,
je suis un être totalement ignorant, inutile et incompétent.
Pourtant, je T'en prie, n'hésite pas à me protéger et à me réconforter.

Murayiṭṭu kēṇiṭum ceru kuññin ambikē
tuṇayē kiṭānini maṭi kāṭṭolā śivē
Kuzhi ettiṭum pōzhum mozhi nāma jāpanam
ozhiyā tirunniṭān kazhiv ēkaṇē śivē

O Shive (épouse de Shiva) n'hésite pas à m'accorder refuge.
Il y a si longtemps que je pleure. Quand la mort viendra,
fais que je puisse répéter Ton nom.

Śiva ganga nī śivē hima bindu ñānumē
orumi ciṭānini samayam eṭukkolā
Karuṇāmayī satī mṛudu hāsinī umē
oḷi cinti ettiṭān ini vaikolā śivē

O Shive ! Tu es le Gange, je ne suis qu'un minuscule flocon de neige,
prêt à se fondre en Toi. O Mère miséricordieuse, Uma au beau sourire,
sort de Ta cachette sans plus tarder.

Jaya dēvī pārvatī jagadamba śaṅkarī
jaya viśva nāyakī paramēśvari namaḥ
Śiva śakti kāḷikē lalitambikē namaḥ
hṛdayēśvarī namaḥ jagadīśvarī namaḥ

Gloire à la Déesse, à la Fille de la Montagne, à la Mère de l'univers, à l'Épouse de Shiva ; Tu es le Non-Manifesté et le Manifesté, gloire à Kali, à Lalita, à la Déesse du cœur.

KŪRIRUḶ PŌLE

Kūriruḷ pōle karutti ruṇṭuḷḷorī
bhīkara rūpiṇiyārāṇu
Śōṇita poykayil ōḷattil āṭiṭum
nīla malar kula yennōṇam

Quelle est donc cette forme terrible, aussi noire
que les ténèbres les plus obscures ?

Yuddham utirttoru rakta kaḷattiṅkal
nṛttam caviṭṭuva tārāṇu
Pratyamga kānti maraccuḷḷorī
dig vastra dhāriṇi ārāṇu

Qui danse ainsi sauvagement sur ce champ de bataille, éclaboussée de sang, comme une brassée de fleurs bleues tourbillonnant sur un lac pourpre ?

Tīkkanal pōle yuruṭṭi mizhikkunna
tṛkkaṇṇu mūnuḷḷōḷ ārāṇu
Kārkoṇṭal pōle yazhiññu laññīṭina
kāṛkkūntalāḷi vaḷārāṇu

Qui est Celle dont les trois yeux, comme des boules de feu, lancent des éclairs ? Qui est Celle dont les épaisses boucles noires cascadent librement, pareilles aux sombres nuages ?

Tannuṭe kālccuvaṭettu muppāriṭam
ninnu kuluṅguva tentāṇu
Ī lasal kāmini tannuṭe kāntanā
śūlam dharicca śivan āṇu

Pourquoi les trois mondes tremblent-ils quand Elle danse
en frappant la terre de Ses pieds ? O cette Beauté resplendissante
est la Bien-aimée de Shiva, Celle qui brandit le trident !

MĀ NĀM BŌLĒ DIL SĒ

Mā nām bōlē dil sē
madhura madhura nām hē yē
Mā nām sun lē man mē
amṛt madhur nām hē yē

Chantons le nom de la Mère divine de tout notre cœur,
il a la douceur du nectar, c'est le plus doux de tous les noms.
Laissons résonner le nom « Ma » dans notre cœur.

Mā mā pukārē dil sē
prēm kā paryāy hē yē
Mā nām jap lē mukh sē
mōd sē pari pūrṇṇa hē yē (sans reprise)

Mōd sē pari pūrṇṇa hē yē (unisson ; Mā mā...)

Mā tūhī tō hē tērē sivā - kōyī nahī

Appelons « Ma, Ma » de tout notre cœur,
c'est l'épitomé (condensé) de l'amour.
Ayons sans cesse le nom de « Ma » sur les lèvres,
il est rempli de béatitude divine.
O Mère, Toi seule est mon vrai refuge, je n'ai personne d'autre au monde.

Mā kahē mati mōh har lē
mā kahē hṛdi mōd bhar lē
Mā kahē sab śōk har lē
mā kahē sansār tar lē (sans reprise)
Mā kahē sansār tar lē (unison; Mā kahē...)
Mā tūhī tō hē tērē sivā - kōyī nahī

Répétant le nom de « Ma », effaçons tous les désirs, remplissons notre cœur de béatitude divine ; répéter ce nom nous délivre de tout chagrin. Traversons l'océan du samsara en répétant le nom de « Ma ». O Mère, Toi seule est mon vrai refuge, je n'ai personne d'autre au monde.

Mā nām gūnje manmē
mā āke baiṭhē dil mē
Mā nām bōlō muh sē
mā kō hi pā lē ham rē! (sans reprise)
Mā kō hi pā lē ham rē! (unison; Mā nām...)
Mā tūhī tō hē tērē sivā - kōyī nahī

Quand le nom de « Ma » résonnera en nous, Amma viendra dans le sanctuaire de notre cœur.
En récitant le nom de « Ma », fondons-nous en Amma. O Mère, Toi seule est mon vrai refuge, je n'ai personne d'autre au monde.

Mā... jai jai mā... jai jai mā... jai jai mā...

MĀ OH MERI MĀ (HINDI)

Mā oh meri mā sun le sara
choṭṭi si meri bath sun le sara
Tu antaryami, sab janti hai
Phir bhi tu mujhko keh ne de
keh ke ye man se miṭ ne de

O Mère, Mère divine !
Ecoute, je T'en prie, les choses simples que j'ai à Te dire.
Bien que Tu sois omnisciente, que Tu saches tout de moi, permets-moi de purifier mon cœur en Te confiant ce qui me pèse.

Rahom me ham to bhattakthe rahe hein
Rahom me ham to bhattakthe
rahe hein kaise tere pās āvum
Tujhe man mein basavum dil
mein samavum yehi he duva āj meri
taki sadā ban jayein tu hamari

Je suis complètement perdu dans ce monde matériel, alors comment pourrais-je m'approcher de Toi et demeurer en Ta présence ? C'est pourquoi je Te prie : habite mes pensées et réside en mon cœur, sois mienne à jamais.

Kabhi dūr he tu kabhi pās he tu
Kabhi dūr he tu kabhi pās he tu kaisi yeh khel khelti he
Hum to akele hein besahare
tu hi he sab kucc hamari
aur manzil bhi tu he hamari

Tu es parfois proche et parfois si lointaine.
Pourquoi joues-Tu ainsi avec moi ?
Je suis seul, sans compagnie ; Tu es tout pour moi.
Tu es le but ultime de ma vie, l'ignores-Tu ?

Din bhar din teri aur shraddha hamari
Din bhar din teri aur shraddha
hamari badta hi calā jayein
Teri puja karu mein sajda karum
teri yād sadā satā satāyein
hamrahi ban jaein tu hamari

Puissent ma foi en Toi et ma concentration sur Toi croître de jour en jour, sans jamais faiblir. Que le divin souvenir de Toi vienne chasser toutes mes autres pensées. Que mon esprit soit toujours occupé à Te parer et à Te vénérer. Ainsi, Tu seras ma compagne éternelle, dans cette vie et dans toutes les vies à venir !

MĀHEŚVARĪ RĀJA RĀJĒŚVARĪ

Māheśvarī rāja rājēśvarī nikhila bhuvanēśvarī
patita jana rakṣakī

Grande Déesse, Reine des déesses, Déesse du monde entier,
Toi qui protèges ceux qui ont chuté...

Jagadambikē dēvi laḷitāmbikē
amṛtavara dāyikē madana madanā śakē
Paripāhi mām bhakta paripālini
sakala guṇa śālini sujana hṛdivāsini

Mère de l'Univers, Lalita, Toi qui aimes jouer,
Tu accordes la faveur de l'immortalité,
Tu réduis l'ego, Tu prends soin des dévots, Tu as toutes les vertus,
Tu demeures dans le cœur des êtres bons, protège-moi et sauve-moi !

Mati mōhanam dēvī tava darśanam
kaluṣa kali nāśanam bhavati tava pūjanam
Muktipradē parama bhakta priyē
surasa mārādhitē sughana śyāmāmbikē

Dévi, Ton darshan ravit le cœur des dévots, Ton adoration chasse les tendances néfastes de cet âge sombre, Tu accordes la Libération, Tu aimes les dévots consumés par l'amour, Toi que les dieux vénèrent, Déesse au teint sombre et bleuté.

Śrī rañjini śiva mano rañjini
duḥkha bhaya bhañjini janani priya darśini
Kāmēśvari sarva hṛdayeśvari sarasa
mṛdu bhāsiṇi triguṇa layakāriṇi

Tu fais le bonheur de tous les dieux et de Shiva,
Tu dissipes le chagrin et la peur,
Mère à la forme magnifique, Déesse de tous les désirs,
Déesse du cœur de Shiva, Tu parles avec douceur et tendresse,
Toi qui provoques la dissolution des trois gunas.

MANAMŌHANA KṚṢṆA

Manamōhana Kṛṣṇa
dīna dayāla harē
gōvinda harē gopāla harē
Gōvinda hari gōvinda hari gōvinda hari gopāla (2x)

O Toi qui captives les cœurs, Tu es le refuge de ceux qui souffrent !

Jagadiśvara dēva kṛpāla harē
gōvinda harē gopāla harē (Gōvinda...)
Paramēśvara pāvana rūpa harē
gōvinda harē gopāla harē (Gōvinda...)
Yōgēśvarā yādava nātha harē
gōvinda harē gopāla harē (Gōvinda...)

Seigneur du monde, Tu es plein de compassion. Seigneur suprême,
Tu es l'incarnation de la pureté. Seigneur des yogis,
Tu es le chef du clan des Yadavas.

MĀNASA MALARIL

Mānasa malaril maṇi varṇṇan enttunna
sudinattin āyiram abhivādanam
hṛdayattil anavadya sukhadānam coriyunna
sudinattin āyiram abhivādanam

Vivement le jour propice où le charmant Krishna viendra dans la fleur de mon cœur. Loué soit le jour où mon cœur débordera d'un bonheur infini.

Iḷam cuṇṭu mukarunna muḷantaṇṭil ozhukunna
kaḷagāna yamunayil ozhukaṭṭe ñān
Yadu kula kāmbōji rāga sudhārasa
dhārayen hṛdayatte tazhukiṭaṭṭe

J'aspire à me fondre dans le flot de musique mélodieuse qui, telle la rivière Yamuna, jaillit de la flûte de bambou, dont jouent les tendres lèvres de Krishna. Puisse le doux nectar du kamboji raga inonder mon cœur

Kṛṣṇa nāmam japicchum tapta bāṣpam pozhiccum
bhakti bhavōnmāda cittanāyum...
Darśana saubhāgya tṛptanāy sādaram
viṣṇu caitanyattil ñān layikkum

Je pleurerai en récitant le nom sacré de Krishna et, transporté d'amour divin, béni par la vision du Seigneur, je me fondrai alors dans cette Conscience omniprésente.

MANDAHĀSA VADANĒ

Mandahāsa vadanē manōnmani mangaḷa dāyini
mṛdu madhura bhāṣiṇi... mṛdu madhura bhāṣiṇi

O Déesse au visage souriant, Toi qui accordes ce qui est propice, douces sont Tes paroles !

Bhava tāpa hāriṇi bhavāni
abhaya pradāyini
bhava bhaya vimōcini... bhava bhaya vimōcini

O Mère Parvati, Tu apaises nos souffrances, Tu nous accordes Ta protection, Tu nous libères de la grande peur de la réincarnation...

Sumadhurā varṣiṇi suhāsini
kusuma bāṇahastā

Tu nous inondes de douceur, enchanteur est Ton sourire,
Tu tiens à la main des fleurs et des flèches...

Śrīchakra rāja nilayē śiva manōhari
Bindu maṇḍalā vāsini śrīkari
Līlā mānuṣa dhāriṇi
jaya ambikē jagadambikē

Gloire à Toi, O Mère ! Mère du monde qui demeure dans le Sri Chakra, Toi qui es propice, Tu captives le cœur de Shiva, Tu demeures dans le bindu mandala (point au centre du Sri chakra), Incarnation de tout ce qui est propice, c'est par jeu que Tu as pris un corps humain.

MĀṆIKKYACILAIYĒ

Māṇikkya cilaiyē marataka koṭiyē
tālē tālē lō
mādhavan taṅkāy mīn mizhi naṅkāy
tālē tālē lō
māṇikkya cilaiyē marataka koṭiyē
tālē tālē lō

Gloire ! Gloire ! Gloire ! O Mère à la beauté indescriptible,
Pareille à une sculpture d'émeraude, à un drapeau orné de saphirs !
O épouse de Mahadeva, O Minakshi !

Pāṇḍiyan kulattil tōntriya kiḷiyē
tālē tālē lō
Āṇṭavan maṭiyil āṭiṭum kaniyē

tālē tālē lō
Nāttrisai oḷiyai ēttriya viḷakkē
tālē tālē lō
Pōttriya pērkku pukaḷ tarum nilaivē
tālē tālē lō

Gloire à Toi ! O Etre divin né dans les régions du Sud, Tu demeures dans le giron même de l'Absolu. Pour tous, Tu es la lampe qui éclaire le chemin. Tu accordes leur subsistance à ceux qui prennent refuge en Toi.

Mekhalai cūṭum melliya iṭaiyē
tālē tālē lō
Siṅkattin ulavum sītaḷa nilayē
tālē tālē lō
Pāvala ryārum pāṭiya azhakē
tālē tālē lō
Mūvulak āḷum mōhana poruḷē
tālē tālē lō

Gloire à Toi ! O Enchanteresse, les trois mondes sont fascinés par Ta forme magnifique, Ton chant mélodieux, Ta puissance léonine et Ta sérénité.

MĀTĀ MĀHEŚVARI

Mātā māheśvari bhairavi
śakti priye manōhari hṛdayeśvari
Ātma svarūpiṇi ānanda dāyini
śyamala sundara mana mōhini
Jai mā... jai mā... īśvari kālī mā...
Prēma mayi amṛtēśvari satccidānanda rūpiṇi
Jai mā... jai mā... īśvari kālī mā...

O Mère, grande Déesse, Épouse de Shiva,
Tu te délectes de ton propre Soi,
Tu nous enchantes, Tu demeures dans le cœur, Ta nature est celle du Soi,
Tu accordes la béatitude, belle Déesse au teint sombre, Tu captives nos pensées, Gloire à Toi ! Gloire à la déesse Mère Kali, à la Mère d'Amour, Amriteshwari, Incarnation de l'Etre-Conscience-Béatitude.

MĀTṚ VĀTSALYA

Mātṛ vātsalya tōṭenne jagadamba samrakṣikke
nētraṅgaḷe cimmāte ñān uṇarnnirikke
vīṭṭinuḷḷil palapala mōṣaṇaṅgaḷ naṭakkunnu
ārttiyēttam vaḷarunnu manassil ammē

Alors même que la Mère de l'univers me prodigue tant d'amour maternel,
alors que je reste éveillé sans ciller, dans ma maison (le mental) rôdent tant de voleurs (les tendances négatives). Mon chagrin ne fait que grandir.

Prārtthanakaḷ pativāyi naṭattuvān pratijñakaḷ
ārttināśinī ñān palavaṭṭam ceykilum
Samayam vannaṭukkumbōl marakkunnuveṅkil atu
bhavadīya tantra menninn ariyunnu ñān

O Toi qui détruis la souffrance, je fais souvent le vœu de prier régulièrement, mais le moment venu, j'oublie.
Je comprends que tout cela est Ton jeu.

Kuttakkāran ennākolle ivane nī yonnu koṇṭum
kuttamentu ñāniviṭe ceytumātāvē
Ikkāṇunna samsāram-aṅgāke tava līlayāṇe
nuḷkāmbil ñān ariyunnu jagadambikē

Ne me gronde surtout pas, O Mère de l'univers, qu'ai-je donc fait de mal ?
Je sais dans mon cœur que ce samsara n'est que Ton jeu divin.

Manassine yenikkāyi sammāniccha śeṣam amma
kaṭakkaṇṇin samjñā koṇṭonn aruḷiyallō
Cittamē ninakku pōkām samsārattil cennu vēṇṭum
uttama sukhaṅgaḷe nī bhujiccukoḷka

O Mère, après m'avoir fait cadeau du mental, Tu m'as jeté un regard qui disait : « O mental, va dans le samsara et jouis des plaisirs du monde. »

Akkāraṇam koṇṭaṭiyan alaññu tiriyunnu nin
sṛṣti jālaṅgaḷil kūṭi tuṇayillāte
Amṛtine viṭṭaṭiyan viṣam uṇṇukayāṇ ippōḷ
asatyatte satyamāyum dharikkayallō

Voilà pourquoi j'erre impuissant dans ce monde. Maintenant, je néglige l'ambroisie et je consume du poison ; je prends l'illusion pour la Vérité.

Amma tanna vāsanakaḷ ammaceyta karmajālam
avayuṭe phalaṅgaḷum enteyennōti
Entinammē enneyiṭṭī māyayil nī valaykkunnu
bhaktitannu rakṣikkillē jagadambikē

Les vasanas que Mère a instillées en moi, les jongleries auxquelles Elle se livre sous forme d'actions et de leurs fruits, tout cela m'a été attribué.
O Mère de l'univers, pourquoi me plonger dans cette illusion ? me sauveras-Tu pas en m'accordant la dévotion ?

Maṇṇil vīṇāl uṭayumī maṇcirātil vāsana tan
eṇṇayum karmaṅgaḷṭe tiriyumiṭṭu
Janimṛti koḷuttiyum ericcukeṭ uttiyum nī
rasikkunnat entin ammē jagadīśvarī

Après avoir versé l'huile des vasanas, Tu as placé la mèche des actions dans cette lampe en terre (le corps), qui se brisera si elle tombe. Pourquoi T'amuses-Tu donc à allumer et à éteindre la flamme, me faisant traverser ainsi la naissance et la mort, O Mère de l'univers ?

Entin enne pazhikkum nī entinenne śikṣikkum nī
ninteyallō vāsanakaḷ karma phalaṅgaḷ
Kaṇ turakkū jagadambē bhakti nalkū jagadambē
ennu mennum nin pādaṅgaḷ enikkāśrayam

Pour quelle raison me blâmerais-Tu, de quoi me punirais-Tu ?
Les vasanas T'appartiennent, les fruits des actions aussi.
Ouvre les yeux, O Mère de l'univers, accorde-moi la dévotion !
O Mère de l'univers, Tes pieds sont mon refuge éternel !

Kaṇturakkū mahādēvī bhakti nalkū kārtyāyanī
ennu mennum nin pādaṅgaḷ enikkāśrayam
Kaṇ turakkū mahākāḷī bhakti nalkū bhadrakāḷī
ennu mennum nin pādaṅgaḷ enikkāśrayam

Ouvre les yeux, O grande Déesse, accorde-moi la dévotion, O Kartyanani, Tes pieds sont mon refuge éternel. Ouvre les yeux, O Mahakali, accorde-moi la dévotion, Bhadrakali, Tes pieds sont mon refuge éternel.

MAUNATTIL IRUNTU

Maunattil iruntu pārttāl
teriyum tāyē un mukham
Manattai nilai nirutti aympulanai aṭakki
Dhyāna mēṭaiyil dinamum nī amarntu

O Mère, celui qui médite en silence et concentre son esprit en maîtrisant parfaitement les cinq sens peut contempler Ton visage divin.

Iṅkē iruntu nān un tirupukkazh pāṭa
eṅkō iruntu nī ennai paṇittāyē
tāyē... amṛtānandamayī tāyē...
tatva bōdhamē vittaka vēdamē
śaktiyin rūpamē tāyin mukhamē (2x; Mauna...)

O Amritanandamayi ! Je chante Ta gloire. Depuis un lieu éloigné, Tu répands Tes bénédictions. Tu es l'Essence de toutes les philosophies,
l'écrin des Védas ; Ton visage est celui de la déesse Parashakti.

Ettannai ārukaḷ eṅkeṅku ōṭiyum
attanai nadikaḷum kaṭalinil sangamam
buddharum karttarum kṛṣṇanum allāvum
bhaktiyil pārkkayil ōrinam ōrkalam

Tous les fleuves finissent par se jeter dans l'océan.
Buddha, le Christ, Krishna et Allah ne font qu'Un
si on les contemple le cœur rempli de dévotion.

Ittanai māndaruḷ ettanai pirivukaḷ
palamata pirivukaḷ ulakil sarivukaḷ
sarivukal varukaiyil uravinil pirivukaḷ
ulakinil anaivarum oru tāy kuzhantakaḷ (2x)
(Maunattiliruntu..)

Oh! que les divisions de castes sont nombreuses ! Ces divisions constituent la faiblesse du monde. Tant qu'elles existent, l'harmonie entre les êtres humains est rompue. Rappelez-vous que tous sont les enfants de la Mère universelle.

Atiloru kuzhantai nān ariyā siruvan nān
puriyā bhaktiyil paṭiyēri varupavan
irulvazhi nīṅkiṭa arul vazhi ōṅkiṭa
urupaṭiyākiṭa marupaṭi marupaṭi

Je ne suis qu'un enfant innocent entre tous Tes enfants ; j'essaye de toutes mes forces d'avancer sur la voie difficile de la dévotion.
O Mère !
J'implore Ta bénédiction pour disperser les ténèbres qui m'environnent,
pour progresser sur le chemin spirituel et obtenir un cœur pur.

Tiruppaṭi ērinēn tirumukham teṭinēn
amṛtānandamayī tāyē...
un aruladinam tanai tēṭiyē vandēn tāyē
un arulaṭanai tēṭiyē vandēn tāyē (Maunattiliruntu...)

O Mère Amritanandamayi, je suis venu jusqu'à Ta demeure,
afin de contempler Ton visage divin et implorer Ta bénédiction.

MAYILONTRU ĀṬUTU

mayilontru āṭutu
manam unnai tēṭutu
kuyil pōla pēśiṭum
kumaran kural kēḷkkutu

O Muruga, j'ai la vision de ton véhicule, le paon ; il danse et Te cherche, il ne songe qu'à Toi. Il entend même faiblement le son de Ta voix si belle, aussi douce que le chant de la colombe.

vēlonṭru tōnṭrutu
vinai tīrppēn entrutu
pāl pōntru manamellām
paḷiṅk pōle oḷirutu

Tes armes nous apparaissent et déclarent : « Nous vous protègerons. »
Voyant cela, les cœurs innocents se réjouissent.

tēronru aśaiyutu
tirukāṭcci teriyutu
pār entu śollutu
bhaktar manam urukutu

Les cœurs exultent en contemplant la vision bénie de Ton char, qui avance doucement.

śēval ontu āṭutu
śentil mukham kāṭṭutu
sēvippōrkaḷ śeyalellām
jayam enrē muzhaṅkutu

La cloche du temple résonne, les dévots sont ivres de dévotion, ce qui semble prouver que le service désintéressé est un moyen infaillible de purifier le cœur.

kaṭal aṅku olikkutu
kavitayumē pirakkutu
kantan mukham kaṇṭa uṭan
kaṇkaḷ mazhai pozhiyutu

Pour les dévots, le mugissement des vagues de l'océan semble un hymne de louanges au Seigneur. Contemplant enfin sa forme divine, ils versent des larmes de béatitude.

vēl murukā vēl murukā vēl murukā vēl vēl (2x)

MŌHANA MURAḶI MŌHITAMEN

Mōhana muraḷi mōhitamen manam
mōhana vṛndāvana kṛṣṇa
Nin amṛtādhara cumbanam ēlkkān
ñān oru murali kayākām... kṛṣṇa
ñān oru murali kayākām

Mon cœur est captivé par la flûte enchanteresse de Krishna, qui ravit tous les cœurs de Vrindavan. Pour recevoir le nectar de Ton baiser, O Krishna, je deviendrai une flûte.

Prēmila rāgam utirtten jīvane
rādhika yākkū murārē
Cintakaḷ gōpikaḷāy nin cuttinum
rāsa līlaykku varaṭṭe!
kṛṣṇā rāsa līlaykku varaṭṭe!

O Murare, fais de moi une Radhika (autre nom de Radha)
en jouant la mélodie de l'Amour. Puissent nos pensées devenir des gopis,
puissions-nous danser la rasalila, O Krishna.

Saundarya dhāmamē nin madhu cintayil
manavum nāvum niścalamāy
Pinne eṅgane ninne kīrtticciṭum
prēma sudhārasa mūrttē... kṛṣṇā
prēma sudhārasa mūrttē

O Incarnation de la beauté, à force de penser tendrement à Toi,
mon esprit est devenu tranquille et me voilà réduit au silence.
Comment pourrais-je donc chanter Ta gloire ?
O Krishna, Incarnation du nectar de l'Amour !

MṚDULA NĪLA KAḶĒBARĀ

Mṛdula nīla kaḷēbarā - ghana
kuṭilakuntala kōmaḷā
kuvalayōpama lōcana - chala
makara kuṇḍala maṇditā
Mṛdula nīla kalēbarā

O Seigneur au corps tendre et bleuté, O bel Enfant aux épais cheveux bouclés, Tes yeux ont la forme des pétales du lotus, Tes boucles d'oreilles en forme de poisson se balancent !

Aruṇa bimba phalā dharā - madhu
madhura mṛdu hasitānanā
Adhara dhṛta muralī yutā - nava
tuḷasi hāra suśōbhitā
Harē rāma rāma harē harē
harē kṛṣṇa kṛṣṇa harē harē

O Seigneur aux lèvres rouges comme le soleil levant, un sourire doux
comme le miel éclaire Ton visage, Ta flûte aux lèvres, Tu resplendis, paré d'une guirlande de feuilles de tulasi fraîches...

Mṛdula nīla kalēbarā...
Malaya candana carcitā - śata
madana kōṭi manōharā
Laḷita lāsya vidhāyakā - madhu
bharita rāsa rasēśvarā (Harē rāma rāma...)

O Seigneur, Tu portes de la pâte de santal qui vient des monts Malaya,
Tu as la beauté de millions de Kamadéva (le dieu de l'amour),
Tu aimes T'amuser en dansant la rasalila dont Tu es la béatitude ambrosiaque.

Mṛdula nīla kalēbarā...
Paśupa bāla parāt parā - sura
muni supūjita sundarā
Yadu kulācala dīpakā - bhava
bhaya vibhañjana nandanā (Harē rāma rāma...)

O petit pâtre, Être suprême, bel enfant que les sages et les dieux vénèrent,
Lumière du clan des Yadavas, Tu détruis la peur du samsara.

Mṛdula nīla kalēbarā...
Vraja vadhūjana jīvanā - mama
hṛdaya maṇḍa pamaṇḍanā
Jayatu yādava nāyakā - śubha
vibhava saukhya vidhāyakā (Harē rāma rāma...)

Tu es la vie même des femmes de Vraja ;
Tu es l'idole qui illumine le sanctuaire de mon cœur.
Gloire au Seigneur des Yadavas, à Celui qui apporte la prospérité et le bonheur.

MṚTYUÑJAYĀYA NAMAḤ ŌM

Mṛtyuñjayāya namaḥ ōm
Tryambakāya namaḥ ōm
Lingēśvarāya namaḥ ōm
Sarvēśvarāya namaḥ ōm
Ōm namaḥ śivāya namaḥ ōm (4x)

Salutations à Celui qui a triomphé de la mort ! Salutations au Père des trois mondes !
Salutations au Lingeshvara (Seigneur vénéré sous la forme du Shivalingam),
Salutations au Seigneur de tous les êtres ! Salutations à Celui qui est propice !

MUJHĒ DARŚAN DŌ BHAGAVĀN

Mujhē darśan dō bhagavān
Śrī kṛṣṇa candra bhagavān

O Seigneur, bénis-moi en m'accordant Ta vision !
O Sri Krishna !

Tū jānat sab antaryāmi
Dījō mērē prabhū amṛtavāṇi

O Seigneur, Tu demeures en tous les êtres, Tu es donc omniscient.
Je T'en prie, laisse-moi entendre Tes divines paroles.

Tū hī mērē ātmārām kṛṣṇā
Dūr karō mērē man kē kām kṛṣṇā

O Krishna, Tu es mon Soi, je T'en prie
chasse de mon esprit tous les désirs.

NAMŌ BHŪTANĀTHĀ NAMŌ

Namō bhūtanāthā namō dēva dēva
namō bhaktapālā namō viśvanātha

Salutations à Toi, O Seigneur des Bhutas (Seigneur de la création), Seigneur des dieux, salutations au Protecteur des dévots, au Seigneur de l'univers.

Sada suprakāśā namō pāpanāśa
kāśi visvanāthā dayāsindhu dātā
Namō pārvatī vallabhā nīlakaṇṭhā

Salutations à la Lumière éternelle, à Celui qui détruit le péché, au Seigneur de l'univers, au Seigneur de Kasi, à l'Océan de Miséricorde,
au Seigneur de Parvati, le Dieu à la gorge bleue ;

Bhavā vēdasāra sadā nirvikāra
namō lōkapālā namō nāgalōla
Namō pārvatī vallabhā nīlakaṇṭhā

Salutations à l'Essence des Ecritures et du monde,
Tu es établi dans le détachement absolu, Tu protèges le monde,
Seigneur qui aimes les serpents, salutations
au Seigneur de Parvati, le Dieu à la gorge bleue.

NAMŌ NAMASTĒ MĀTAḤ SARASVATĪ

Namō namastē mātaḥ sarasvatī
amṛtamayī ānandamayī
Namō namastē nāda śarīriṇi
hamsa vihāriṇi namōstutē

Nous nous prosternons sans fin devant Toi, O Mère Sarasvati !
O Amritamayi (Incarnation de l'immortalité), O Anandamayi
(Incarnation de la béatitude), nous nous prosternons !
O Incarnation de nada (le son divin), nous Te saluons,
Toi qui chevauches un cygne (la déesse Sarasvati)

Śvētāmbara dhara kēsa ghanāmṛta
patmālaya rasa manōhari
Prāṇava mayī sacinmaya rūpiṇi
jyōtirmayī tē namō namaḥ

Vêtue de blanc, les cheveux en cascade, O belle Déesse
qui prend plaisir à demeurer sur la fleur de lotus,
Incarnation du pranava (le son AUM), de l'être (Sat)
et de la conscience (Chit), Incarnation de la lumière,
nous nous prosternons devant Toi.

Jnānamayī saṭ granthamayi śubha
sapta svaramayī namō namaḥ
Vīṇāpāṇi suhāsa māyimē
dēhi śivam tē namō namaḥ

O Salutations à Toi, Incarnation de la Connaissance (jnana), Tu résides dans les livres sacrés, Tu prends la forme des sept notes de musique, Tu tiens la vina, Tu arbores un doux sourire, Toi qui es présente en tout.

ÑĀN ŚOLLUM MANTIRAM

Ñān śollum mantiram ōm śaktiyē
Śaṅkaran nāyakiyē śaṅkari saundariyē
śaraṇam... śaraṇam... śaraṇam...

Je répète le mantra « Om shakti ». O Shankari, épouse du Seigneur Shiva,
belle Déesse, Tu es mon refuge.

Arul mazhai pozhikinṭa karumāri tāyē
tāyē... ādi parāśakti nīyē...
arivum tiruvum tantu poruḷum pukazhum tantu
avaniyil vāzhntiṭa arulvāy tāyē

O Karumari, (déesse au teint sombre), Tu répands sur nous une pluie de grâce.
Tu es l'Energie suprême et primordiale. Bénis-moi, fais que je vive heureux en ce monde et dans le bien-être parfait.

Kaṇkaḷil śāntamum kaiyinil śūlamum
koṇṭavaḷ kōla vizhi annaiyē... tāyē...
tāyē... tāyē... tāyē... tāyē
ādiparāśakti tāyē... tāyē
kantanil tāyum nī

karuṇaiyil vaṭivum nī
mayilailiyil amrarntanal
daivam nīyē...

Les yeux paisibles et magnifiques, une lance à la main, ainsi apparaît ma Mère, l'Énergie primordiale et suprême.
O Mère de Skanda (Muruga, frère de Ganesh, fils de Shiva et de Parvati) ! Tu es l'Incarnation de la compassion,
la Déesse bien-aimée du temple de Mylapore.

NANDA NANDANĀ

Nanda nandanā nanda nandanā
nanda nandanā sundara vadanā
Nanda nandanā nanda nandanā
nanda nandanā vandita caraṇā

O Fils de Nanda, que Ta forme est belle ! Nous nous prosternons à Tes pieds de lotus !

Sundara vadanam vandē naṭavara
nanda kumāram vandē
Paṅkaja nayanam vandē madhu maya
mangaḷa dhāmam vandēg

Nous nous prosternons devant l'Enfant au corps si beau,
devant le Danseur gracieux, le Fils chéri de Nanda,
l'Enfant dont les yeux ont la forme des pétales du lotus.
Nous nous prosternons devant Sa sainte demeure.

Mañjuḷa caritam vandē bhava bhaya
bhañjana nipuṇam vandē
Kuñja vihāram vandē janamana
rañjana śīlam vandē

Nous nous prosternons en écoutant l'histoire charmante de Ses jeux divins ;
nous nous prosternons devant Celui qui chasse avec habileté la peur du samsara, qui se promène dans les bosquets, et qui ravit les cœurs.

Gōkula pālam vandē giridhara
gōpa kumāram vandē
Vēṇu vilōlam vandē vrajajana jīvana sāram vandē

Nous nous prosternons devant Celui qui protège le village de Gokul,
Gopakumara, Celui qui a soulevé la montagne Govardhana,
le petit joueur de flûte, Lui qui est la vie de tous les êtres.

Kāḷiya damanam vandē kalimala
mōchana caraṇam vandē
Kōmaḷa rūpam vandē kavikula
mānasa cōram vandē

Nous nous prosternons devant Celui qui a fait taire l'orgueil du serpent Kaliya, devant Ses pieds qui balayent les impuretés du Kali Yuga,
nous nous prosternons devant la forme enchanteresse
de Celui qui dérobe le cœur des poètes.

Nārada vinutam vandē nirupama
nīla śarīram vandē
Vēda vihāram vandē yadukula
rāja kumāram vandē

Nous nous prosternons devant Celui que Narada vénère,
devant Son corps magnifique à la teinte bleutée,
nous nous prosternons devant Celui dont les Védas
sont la demeure, le Prince du clan des Yadus.

NANDA NANDANĀ HARĒ

Nanda nandanā harē
sundarā nanāmbujā
indirā manōharā
vanditāmghri paṅkajā

Kuñcitāgra kundaḷā (sans reprise)
lōla pimcikā dharā
gōpi candanāṅkitā
gōpa sundarī priyā (gōpa... 3x unisson)

Nīla lōla lōcanā (sans reprise)
cāru hāsa mōhanā
vēṇu nāda lōlupā
rāsa kēḷi lālasā (rāsa... 3x unisson)

Candanādi carccitā(sans reprise)
vaijayanti bhūṣitā
pīta vāsa vēṣṭitā
mōda sāndra vigrahā (mōda... 3x unisson)

Rāsa narttanā lasā (sans reprise)
vāsavādi pūjitā
rādhika dhipā vibhō
vāsudēva tē namō (vāsudēva... 3x unisson)

nanda nandana	Fils de Nanda
sundarananambuja	dont le visage a la beauté du lotus
indira manohara	Tu captives le cœur et l'esprit de Lakshmi
vanditāmghri pankajā	Tes pieds de lotus sont un objet d'adoration
kuñcitāgra kundala	Tu portes des boucles d'oreilles de forme incurvée
lola pimcikā dharā	Tu portes des plumes de paon qui oscillent

gopi candanankita	Tu portes de la pâte de santal
gopa sundaripriya	Bien-aimé des jolies bergères de Vrindavan
nila lola locana	Tes yeux bleus sont frémissants
caru hasa mohana	Ton beau sourire captive tous les cœurs
veṇu nada lolupa	Le son de la flûte est cher à Ton cœur
rasa keli lalasa	Tu aimes danser avec les gopis (la danse rasa)
candanādi carcitā	Tu es paré de pâte de santal et d'autres ornements
vaijayanti bhusita	Tu portes un collier
pīta vāsa veśṭitā	Tu es vêtu de jaune
moda sāndra vigrahā	Incarnation de l'essence du bonheur
rāsa nartanālasā	Tu es fatigué après la danse rasa
vāsavādi pūjitā	Tu es vénéré par Indra et les autres dieux
rādhikadhipā vibho	Seigneur de Radha, dieu Vishnu
vāsudeva te namo	Salutations à Toi, O Krishna

NINNE PIRIYUNNA

Ninne piriyunna durvidhi ōrttu ammē
ñān etra vilapicu nī aṛiññō ?
ninne piriyunna durdiva saṅgaḷe
ōrttu pazhicatum nī aṛiññō ?

En songeant au cruel destin qui me sépare de Toi,
combien me suis-je lamenté, O Amma, le sais-Tu ?
Combien j'ai maudit les moments douloureux de la séparation,
le sais-Tu ?

Inne nikkēkum ennamma tan darśana -
mennōrttu kēṇatum nī aṛiññō?
Ninne marakuvān uṇṭāya kāraṇam
ōrttu kara ñatum nī aṛiññō?

J'ai pleuré de douleur, en me demandant quand Tu me bénirais de Ta vision, le sais-Tu ? J'ai pleuré en me demandant pourquoi je T'avais oubliée, le sais-Tu ?

Yōgyata keṭṭoru putri ennōrttu
ñān etra vilapicu nī aṛiññō?
Yōgyata illāta kāraṇam amma nī
darśanam ēkāttatōrtu kēṇu

En pensant que je suis une fille indigne, combien je me suis lamentée,
le sais-Tu ? J'ai pleuré en songeant que si je n'obtenais pas Ta vision, c'est que je ne la méritais pas.

Prēma vihīna yāmī paital amma tan
prēmate lābhippān etra kēṇu
Ninne nirantaram cintikkān ākātta
kāraṇam ōrtu ñānetra tēṅgi

O combien cette enfant, privée d'amour, a versé de larmes pour obtenir Ton amour ! O combien j'ai pleuré d'être incapable de fixer constamment mes pensées sur Toi.

Ennile kuññinu mātṛtva mūṭṭiya
vātsalayam ōrtu ñānetra tēṅgi
Nin maṭitta ṭilen tala cāycu saṇkaṭa
kaṇṇīr ozhukkiya tōrtu tēṅgi

Oh ! Combien j'ai pleuré en me rappelant Ton affection maternelle, combien j'ai pleuré en me souvenant des larmes que j'avais versées, la tête posée sur Tes genoux.

NIZHALINTE PINNĀLĒ

Nizhalinte pinnālē ñān alaññu...kaṣṭam
nizhaline satyamāy ñān ninaccu

Niravadya mōhinī ennammē ninte
nizhalākum māyayil tāzhttiṭalle

Hélas ! J'ai poursuivi des ombres, les prenant pour la Réalité.
O Amma, Enchanteresse, je T'en prie, ne me berne pas avec Ta maya,
qui n'est que Ton ombre.

Madhura maruppacca tēṭiyōṭi ninte
kara kāṇa marubhūvil peṭṭitammē
Karuṇāmayī varū eriyumen jīvitam
kara valliyil cērttu kākkuk amme

Trompé par un mirage, j'ai été pris au piège dans Ton désert immense, infini. O Mère compatissante, garde-moi dans Tes bras et sauve cette âme désespérée.

Malarvāṭi maraṇattin keṇiyāyī kaṣṭamī
avaniyil tēntēṭi ñān taḷarnnū
Kara kaviññ ozhukum nin prēm āmṛtattinal
putujīvanēki nī kāttiṭaṇe

Je suis épuisé d'avoir cherché le miel dans le jardin de fleurs du monde.
Ce jardin s'est avéré un piège mortel. Accorde-moi, je T'en prie, une nouvelle vie, pour savourer le nectar d'amour qui jaillit en abondance de Toi.

Jīvaṇṭe jīva nām enteyammē niṇṭe
jīvāmṛtam nalki rakṣaceyyū
Prēma taramgiṇī ninn alayāyi ñān
prēma samgītam pozhicciṭaṭṭe!

O Mère, Toi la Vie de tous les êtres, daigne me sauver en m'accordant l'immortalité du Soi. O Rivière d'amour ! Puissé-je m'unir à Toi pour que des chants d'amour jaillissent de mon cœur !

ŌM AMṚTEŚVARIYAI NAMAḤ

Dhyāyāmo-dhavalāvaguṇṭhanavatīṁ
tejomayīm-naiṣṭhikīṁ
snigdhāpāṅga-vilokinīm bhagavatīṁ
mandasmita-śrī-mukhīṁ
vātsalyāmṛta-varṣiṇīm sumadhuraṁ
saṅkīṛttanālāpinīṁ
ṣyāmāṅgīṁ madhu-sikta-sūktīṁ
amṛtānandāmikāmīśvarīṁ
Ōm amṛteśvariyai namaḥ... (4x)

Pūṛṇa-brahma-svarūpiṇyai
saccidānanda mūrttaye
ātmā-rāmāgragaṇyāyai
yoga-līnāntarātmane
Ōm amṛteśvariyai namaḥ... (4x)

Notre adoration à Amma, la manifestation complète de l'Absolu,
l'Incarnation de l'Être-Conscience-Béatitude,
suprême parmi les êtres établis dans la béatitude du Soi,
Amma, dont l'âme individuelle s'est fondue en Brahman (état de Yoga).

Antar-mukha-svabhāvāyai
turya-tuṅga-sthalījjuṣe
prabhā-maṇḍala-vītāyai
durāsada-mahaujase
Ōm amṛteśvariyai namaḥ... (4x)

Notre adoration à Amma, qui par sa nature même est tournée vers l'intérieur,
Amma qui, nimbée de lumière divine, demeure sur le plan de conscience suprême (turya),
Amma dont la grandeur est insurpassable.

Vāṇī-buddhi-vimṛgyāyai
śaśvad-avyakta-vartmane
nāma-rūpādi-śūnyāyai
śunya-kalpa-vibhūtaye
Ōm amṛteśvariyai namaḥ... (4x)

Notre adoration à Amma, que ni les mots ni l'intellect ne peuvent appréhender, dont la voie reste éternellement indéfinie, qui n'a ni nom ni forme, pour qui les pouvoirs yogiques sont négligeables (tout comme le monde est sans importance quand il est dans l'état de dissolution).

ŌM BHADRA KĀḶI

Ōm bhadra kāḷi namō namā
śrī bhadra kāḷi namō namā
Ōm bhadra kāḷi śrī bhadra kāli
jaya bhadra kāḷi namō namā

ŌM JAGAD JANANĪ DĒVĪ MĀTĀ (ŌM AMṚTĒŚVARI DĒVĪ MĀTĀ)

Ōm jagad jananī dēvī mātā (ōm amṛteśvarī dēvī mātā)
Ōmkāra rūpiṇī dēvī mātā
Abhaya pradāyinī dēvī mātā
Dēvī mātā dēvī mātā
Anātha rakṣakī dēvī mātā (2x)

O Mère Amriteshvari, Déesse suprême !
Tu prends la forme du pranava (OM),
Tu nous protèges (des souffrances du monde).
Mère qui protège les créatures impuissantes que nous sommes.

ŌMKĀRA DIVYA PORŪḶE 8

Ōmkāra divya porūle varū
ōmana makkaḷe vēgam
Ōmanayāyi valarnām ayaṅgaḷ nīkki
ōmkāra vastu āyi tīrū

Venez vite, mes enfants chéris, vous êtes l'essence du OM.
Brisez les liens que vous avez soigneusement forgés,
et unissez-vous à la syllabe OM.

Ālasyam dūratteriyū - karma (toutes les strophes sans reprise)
vīryam prakāśi cidatte
ārṣa cētassil ninnāgōla sīmakal
bhēdicha śamkholi kēlppu

Rejetez toute tendance à l'indolence. Que votre désir d'agir (pour le bien du monde) soit pareil au soleil dont la lumière illumine tout, ignorant les différences.

Ponnōmal makkaḷē niṅgaḷ - ennum
ammakku pontāra kaṅgaḷ
tanniṣta bhāvam vadiññātma samyamam
manninnu māthrika yākkū

Mes enfants chéris, vous êtes pour toujours les étoiles brillantes d'Amma.
Renoncez à tous les plaisirs égoïstes, que votre maîtrise de vous-même soit un modèle pour le monde entier.

Vēda vijñanam vediññu - makkaḷ
lōka vijñanattil mātram
dattāva dhānarāyi tīrnāli jīvitam
mutterā tulloru cippi

Si vous tournez le dos à la connaissance védique pour courir après le savoir profane, votre existence ressemblera à celle d'une huître qui ne contient pas de perle.

Ātmīya cinta tannīrpam - vēri
nūrjjamāy tīratte yennum
satya dharmaṅgaḷ tan hṛdyānu-bhūtikal
nityam talirttu puśpikkān

Que la contemplation du Soi s'enracine profondément en vous. Avec le temps, les expériences intérieures de la Vérité et du dharma s'épanouiront dans votre cœur.

Vākku mahantayāl makkaḷ - vyathā
mātsarya budhiye rāte
nirdhūta kanmara cētassōte porum
kartavya mācari cīdū

Mes enfants, ne laissez pas grandir en vous l'esprit de compétition et la vanité. Accomplissez toujours votre devoir avec diligence.

Ātma prakaśam parannu - bhāva
śudhi yārnnōjassu narnnu
ātmaikya bōdhattāl makkaḷē yētilum
svātmānu bhūti valartū

Que votre rayonnement spirituel se répande autour de vous. Acquérez la pureté intérieure. Que l'énergie spirituelle (ojas) s'éveille en vous. Que la conscience de l'unité du Soi demeure en vous en toute circonstance, qu'elle vous accompagne constamment.

Pātippatiñña sangītam - pōle
vātātta nīrcōla pōle
snēham manassin svabhāva māyi tīranam
nīrum manssukal kennum

Que l'Amour devienne la nature même de votre mental –
comme un chant entonné si souvent qu'il nous revient sans effort,
comme une rivière jamais à sec. Cet amour sera pour le mental
en effervescence un baume apaisant.

Cenninam cintāte makkaḷ - karma
samgara māduka nityam
tannilum tarnnore tannōla mettippān
tannettān arpikka makkaḷ

Chaque jour soutenez les batailles imposées par votre karma
Consacrez-vous à élever la conscience de ceux
qui ont moins de chance que vous.

Enniyāl tīrāt tanartham - kandu
kanmiri cīdunnu martyan
ārtiyōdetti piṭikkunna tokkeyum
cīrtha dukkum kāla sarppam

Les êtres humains, aveuglés par les innombrables séductions du monde,
ne voient pas qu'elles sont indésirables. Les objets que vous essayez
de saisir sont pareils à des serpents lovés et venimeux.

Indriya mātrā bhimanam - nindyam
hanta jīrnicu pōm dēham
ēkagramākum manassinte śaktiye
vellānetir śaktiyilla

Comme il est pathétique d'être fier de son corps et des pouvoirs des sens !
Hélas ! Un jour où l'autre, le corps se décomposera. Aucun pouvoir
ne peut vaincre la puissance d'un esprit concentré uniquement
sur Dieu.

Ārakkatal saumya śāntam - sadā
tīrakkatal kṣōbha pūrnam

dhyānalīn ātmāvu śāntam, vikāranga -
lālum manassu vikṣubdham

Loin de la rive, l'océan est profond et tranquille, mais les vagues près du rivage sont agitées. Le mental plongé en méditation est tranquille, celui qui est pris au piège des émotions est turbulent.

Sampal samrudhika lellām - innō
nāleyo kaicōrnu pokām
īśvara prēmam labhicāl naśikkilla -
tāsvāśa mullil nirakkum

Toute la richesse que l'on peut amasser en ce monde nous glisse tôt ou tard entre les doigts. Si vous obtenez l'amour de Dieu, jamais vous ne le perdrez ; vous serez comblés de bonheur.

Nādinte kāval bhadanmār - makkaḷ
nādinte svatva mulkollū
raśtra dehattinte ārōgya pūrnatakk-
ātmārtha sēvanam ceyyū

Mes enfants, vous êtes les protecteurs du pays. Imprégnez-vous de l'éthique de la nation et servez-la de manière désintéressée, pour que ses institutions restent saines.

Onnico rotta manassāyi - dēśā
rakśakku munnitti rangū
inn ōlamārjica samskāra dhāraye
nirvighnam munno torukkū

Rassemblez-vous et protégez l'héritage culturel qui est le vôtre, afin que cette culture soit transmise sans interruption.

Nammē parikkunn avarkum - uḷḷāl
nanma nērnīduvin makkaḷ
nanmakkaḷ kānān kariyunna kannukal
mannil apūrva mānennum

Mes enfants, priez pour le bien de ceux qui vous insultent et vous critiquent. Sachez que les yeux capables de voir le bien en autrui ont toujours été rares sur cette terre.

Dharma samsthāpana karmam - ceyyān
vannavar conna tōrkumbōl
svantamen ōrtatil bandham valartunna
chintakal ellām anartham

En méditant sur les paroles de ceux qui sont venus sur terre dans le seul but de préserver le dharma, vous verrez la futilité des tendances qui renforcent le sens du « moi » et du « mien ».

Ajñāna ghōrāntha kāram - hṛttil
mūcudum mūtti-tarakke
dēham dehikkunna tānenna riñjittum
dēhōha bhāvam sajīvam

Nous avons beau savoir que le corps sera un jour incinéré, quand les ténèbres de l'ignorance enveloppent le cœur, l'idée « je suis le corps » est solidement enracinée.

Nammal niyantri cidēntum - śakti
namme niyantri cidunnu
dhīra karmaṅgaḷ kinangēndum śaktikal
nīca karmaṅgaḷ kinangi

Les énergies (shakti) que nous aurions dû maîtriser nous dominent alors.
Ces énergies auraient dû être employées à des actions bénéfiques, mais hélas, nous les gaspillons en vains plaisirs.

Niścala citrangal pōle - makkaḷ
niśkriya rākā tirikkū
ellāru mellārkku mennōrrta lambhāva
mellām kuda ñeriññīṭū

Mes enfants, ne restez pas inactifs, immobiles comme des tableaux de natures mortes. Rappelez-vous le dicton : « Un pour tous, tous pour un » et rejetez les tendances à l'indolence.

Dīnaril ullaliv ullōr - svantam
dīnata yellām marakkum
kāruṇya nīhāra śīkara dhārayayi
jīvita manyārthamākkum

Ceux qui ont de la compassion pour les pauvres et les malheureux oublient leurs problèmes personnels. Ils consacrent leur vie à aider les autres et sont remplis de sollicitude.

Cummāto rēda thorikkal - vannu
ninnu pōnnōralla nammal
janmangal etrayaō pinnitta namatin
uḷḷariññ uḷḷunarēṇṭōr

La vie n'est pas faite pour que nous menions une existence terne et misérable.
Nous avons eu d'innombrables vies, il est essentiel maintenant de nous réveiller, de connaître le but et le sens profond de cette incarnation.

Tannuḷḷil tangunna śakti - tanne
tānākki nirtunna śakti
tanēyunaril lunarti yuyar tanam
tanne svayam tānriyān

La shakti (énergie) qui demeure en vous, celle qui vous maintient en vie, ne se réveillera pas d'elle-même (au sens spirituel).
Si vous voulez savoir qui vous êtes, vous devez la réveiller.

Māyā kadhīśan mahēśan - mahā
māyā kadhīnan manuśyan
mōha pāśam kontu māyā bandhikunnu
śōka samsārattil namme

Le Seigneur règne souverain sur maya et l'être humain en est l'esclave.
Maya nous lie au samsara (l'existence dans le monde) avec les chaînes de l'attachement.

Ārṣa sidhantangal ellam - martya
jīvitā ślēshikal allo
jīvana dharmavum mōcana marmavum
mēlippatam sarga kāvyam

Les enseignements spirituels, lorsqu'ils sont bien compris, sont extrêmement bénéfiques. Lorsque la compréhension du dharma s'allie au secret de la Libération, ils créent une joyeuse symphonie.

Vyakti vairaṅgaḷ vediññāl - hṛttil
śudha cai tanyam vilaṅgum
muttitarakkā tasūyayum spardhayum
sacil prakaśam telikkū

Quand on abandonne toute rancœur personnelle,
la Conscience brille dans le cœur dans sa pureté originelle.
Quand la jalousie et l'inimitié ne prennent pas racine dans le cœur,
la lumière de sat-chit (Être-Conscience) y brille de tout son éclat.

Māmuni sattaman māril - ninnum
āvahic adhyātma dīpam
āyirattāntukal kaipakar nātmāvi -
lālijvalikkayā ninnum

La lumière du Soi est comme un flambeau,
transmis de génération en génération depuis l'époque védique.
Il a changé de mains bien des fois au cours de ces milliers d'années
mais sa flamme brûle toujours, ardente, dans nos âmes.

Ēriyāl nūttantu kālam - dēhi
dēha nīdttil vasikkām
nīdam vediññakkili parakkaum mumbe
tēdiyal arkkum piṭikkām

Le Soi qui vient demeurer dans le nid du corps
y reste tout au plus cent ans. Chacun peut rechercher
et atteindre Cela avant que cet oiseau ne s'envole et quitte le nid.

Unduran gānalla janmam - lakṣyam
santānā saubhāgyamallā
bhōga sampattum praśastiyum ōrkkukil
yōga sampattānu mukhyam

Cette vie n'est pas faite pour être gaspillée à manger et à dormir, et le but ultime de la vie n'est pas non plus de procréer. Rappelez-vous que les plaisirs des sens (bhoga) et la gloire ne sont rien, comparés à la richesse du yoga.

Ñāval param tinnu tinnu - nāvu
nīlicapōl martya cittam
śīlichatām bhōga lālasa cintayāl
klāvica tan niram kettu

Le mental est coloré par les influences extérieures, comme la langue bleuit quand on mange en quantité le fruit « nyaval ». Courir après les plaisirs des sens devient une habitude obsédante qui souille le mental en permanence.

Vaidika cintā tarangam - viṣva
meṅgum paranno rukatte
martyan mahēśanāyi mārum vimōcana
śakti mantram jayikkatte

Que le flot des pensées spirituelles remplisse le monde entier. Que le mantra, doté du pouvoir de libérer l'âme, triomphe, faisant passer l'être humain d'un état limité à l'état suprême de la Réalisation.

Kānān kotikunna tatvam - nēril
kantālum kānāttatentē ?
tanne svayam kānum kanninte kārcayil
anyanum tānu monnākum

Pourquoi ne voyez-vous pas la Vérité qui est là, juste devant vous, malgré votre ardent désir de la connaître ?
Aux yeux de celui qui se connaît réellement, il n'y a pas « d'autre », nous sommes tous Un.

Dūrattu tēdunna daivam - tante
cārattitā vasikkunnu
martya rūpattil dayārha bhāvattil nin
ārcanam kāmkṣicu nilpū

Le Dieu que vous cherchez, imaginant qu'Il est loin, est en réalité tout proche. Il se tient juste à côté de vous sous une forme humaine, plein de compassion, attendant que vous le reconnaissiez.

Tāngum tanalum illāte - koṭum
yātana tinnum janatte
pādē marakkum narādhaman mārarum
pāpikal ennōrka makkaḷ

Ceux qui restent indifférents à l'abjecte misère de ceux qui n'ont ni soutien ni espoir, sont en vérité des pécheurs.
Ne l'oubliez pas, Mes enfants.

Kānana cōlakal pōle - bhāva
sāndra gānāmṛtam pōle
jīvita manyark unarvin anusyūta
kāhala mākatte yeṅgum

Que votre vie soit comme un coup de clairon qui réveille les autres, qu'elle soit belle comme une prairie au milieu du désert, comme une mélodie exprimant des sentiments poignants.

Samsāra vṛkṣa talappil - pūttu
kākkunna tēn kaniyunnum
martya samūham sukha duḥkha sammiśra -
metrayō janmaṅgaḷ ennum

L'humanité qui aime cueillir les fruits savoureux de l'arbre du samsara (l'existence dans le monde) pour les goûter, y consacrera bien des vies qui seront toutes un mélange inégal de bonheurs et de souffrances.

Nāvinte svādōrtu pāyum - manam
nērinte svādarivīla
ātma rasattinte svādariññāl pinne
āru rasangalum kaikkum

Le mental qui se précipite pour satisfaire les exigences gustatives de la langue ne savourera jamais la Vérité. Une fois que l'on a goûté le nectar du Soi, les six saveurs mentionnées dans la tradition (ayurvéda) semblent toutes amères.

Yāgāgni kettu pōyi pakshē - hōma
dhūmam vamikkunnu cundil
sōmarasam pōymaraññu madyā-sakti
sōma lahriyāyi māri

Le feu sacrificiel n'est plus entretenu dans les demeures ;
c'est de vos lèvres mortelles que sort maintenant la fumée des oblations !
Le jus de soma (que l'on offrait aux dieux) est devenu introuvable,
l'ébriété causée par le vin a remplacé l'extase du soma !

Uḷḷinn ulayil jvalikkum - daiva
sankalpa śakti tan tīyil
paṅkaṅgal ellāmakannarka shōbhavāy -
cullam paramvyōma mākum

Le feu de la volonté divine (sankalpa shakti),
qui brûle dans le creuset intérieur, consumera toutes les différences
et la Lumière spirituelle vous sera révélée, espace suprême infini.

Vaidika mantra dhvaniyil - muṅgi
kātum karalum kulirttu
kāla dēśaṅgaḷ kadannettum ātmasan
dēśattil muṅgatte viśvam

Que les oreilles et le cœur exultent en écoutant
résonner les mantras védiques. Que ce joyeux message
inonde le monde entier, malgré les différences
entre les époques et les cultures.

Śīlakkēdērum śiśukkal - svantam
mātāvin cēlattalappil
kaividāte porum ñan nukērunna pōl
tēduvin daivatte makkaḷ

Mes enfants, cherchez Dieu comme des bambins
qui s'accrochent au tablier de leur mère, sans jamais le lâcher,
et qui réclament constamment son attention.

ŌMKĀRA DIVYA PORUḶĒ 10

Ōmkāra divya poruḷē - varū ōmana makkaḷē vēgam
Ōmanayāy vaḷarnnā mayaṅgaḷ nīkki
ōmkāra vastuvāyu tīrū... ōmkāra vastuvāy tīrū

Venez vite Mes enfants chéris ; vous êtes l'essence du Om.
Effaçant toute souffrance, devenez dignes d'adoration et unissez-vous à la syllabe sacrée Om.

Vēdō jvalānta sandēśam - lōka
vēdiyil kīrttikka makkaḷ
kōṭi yabdaṅgaḷ kazhiññālu millati-
nnētum svarasthāna bhēdam

Mes enfants, proclamez le glorieux message spirituel des Écritures !
Des millions d'années n'entameront pas sa véracité :
il ne contient pas une seule fausse note.

Āyōdhanaṅgaḷ vēṭiyū - makkaḷ
ātma maitrikkāy śramikkū
āyōjanāhvāna mantra toṭādarāl
bhāviyi vārtte ṭuttīṭū

Mes enfants, abandonnez les rivalités et cultivez l'amitié entre vous.
Forgez l'avenir en chantant le mantra de l'unité.

Āśayāyō dhanam vēṇam - martya
jīvitōt karṣattin ennum
āyudh āyōdhan ōtsāham manassinte
āsura vṛtti yāṇōrkkū

La seule lutte devrait être un débat d'idées permettant d'enrichir notre vie.
Rappelez-vous que les guerres expriment uniquement le côté démoniaque du mental.

Vāḷmuna tumbil koruttī - lōkam
tankāl cuvaṭṭil taḷaykkān
āḷunna hantaykku pērilla pārinte
śāpamāṇām anōvṛtti

L'ego qui veut conquérir le monde à la pointe de l'épée
et s'élance, plein d'ardeur, ne peut être qualifié autrement :
il est la malédiction du monde.

Uśappūvilar paṇam vēṇam - sadā
sadgurōr ājñānukūlam
sadguru prēmauṣadha tālanānmāvi -
lātmā bhimānam śamikkum

Le cœur devrait s'abandonner entièrement à la volonté du satguru.
Le remède de l'amour pour le satguru nous guérira
de l'orgueil qui habite le moi ignorant.

Vīṇvā kuraykkolla makkaḷ - kāmbum
nāmbum ārnnīṭaṭṭe vākkil
viśvā sadarppaṇa mākaṇam vāṅmayam
viśvaika śaktikka dhīnam

Mes enfants, ne prononcez pas de paroles vaines,
parlez toujours à bon escient. La parole devrait être
le miroir de la foi et rendre hommage à la Puissance suprême.

Ōmanicc amma vaḷarttām - ōrō
kālccōṭum amma teḷikkām
ōtunnavākkinte bhāvārttham uḷkkoṇṭu-
pōyāl manaḥ kaṇturakkām

Mère vous élèvera comme ses enfants chéris,
Elle vous frayera le chemin à chaque pas.
Si vous assimilez le sens de ses paroles
et y conformez votre vie, Elle ouvrira votre œil intérieur.

Duḥkhaṅgaḷeṇṇi niratti - daiva
śraddha kṣaṇikkēṇṭa makkaḷ
ujjvala prēma svarūpanāṇ īśvaran
hṛttil manaḥ kaṇturakkām

Mes enfants, il est inutile d'attirer l'attention de Dieu en énumérant vos chagrins. Il est l'incarnation de l'Amour éclatant, l'Essence qui remplit votre cœur.

Antaramgatt inte tēṅgaḷ - ennum
anyakār yārttha mākumbōḷ
anya kāruṇyamām puṇya tīrtthttinte
kaṇṇunīr uḷḷam viḷakkum

Quand votre cœur ne saigne que pour autrui, les larmes sacrées de la compassion purifient votre âme et restaurent sa splendeur originelle.

Anpezhāneñcham dharippōr - śava
mañcam cumakkunnu pāzhē
dīnērāṭ uḷḷaliv uḷḷavarāy makkaḷ
vāzhta peṭaṭṭeyī maṇṇil

Ceux qui ont un cœur sans amour portent le poids d'un cadavre. Puissiez-vous être loués pour votre cœur, fondant devant la souffrance d'autrui.

Bhūtam vaḷakkūrāy māri - vartta-
mānam namukkinna dhīnam
bhāvi kayyettā vidūratt irikkunnu
nēṭaṇam nēṭēṇṭatipōḷ

Le passé est mort et enterré ; le futur n'est pas entre nos mains. Seul le présent nous appartient ; ce qu'il faut acquérir, c'est maintenant que l'on doit l'obtenir.

Āśā patamgamām uḷḷam - bhōga
mādhvīrasattil mayaṅgi
kāzhcayum prajṇayum pōy maraññōrāte
kūmbumā pūvilōṇantyam

Le mental, papillon du désir, est séduit par le miel des plaisirs ; aveuglé, il perd toute raison et périt lorsque la fleur des sens referme sur lui ses pétales.

Lakṣyam mikavutta tiṅkil - mārga
vighnaṅgaḷ ētum nissāram
mṛtyuvin mēlkkōy mattaṭṭi takarttuko-
ṇṭātma lābham kaivarikkū

Si le but est élevé, les obstacles sont insignifiants.
Mes enfants triomphez de la mort et obtenez la connaissance du Soi.

Tapta smaraṇa kūṭāte - bhōga
tṛpti pradamalla lōkam
pūmettayum kanal cūḷayum kaimāru-
mī mahā samsāra vīthi

Le monde n'accorde jamais la satisfaction des sens
sans nous donner en même temps des souvenirs douloureux.
Le chemin de la vie (samsara) nous offre en alternance
des pétales de rose et le feu de la souffrance.

Jīvitam kaykkum ennālum - karma
śuddhiyāl tūvamṛt uṇṇām
vēdanayil ninnu kāykkum vimōchana
mūlya bōdham svādiyattum

Même si la vie est amère, la pureté de nos actions nous permet de savourer le nectar ; le sentiment de Libération que l'on ressent en dépassant la souffrance donne du piment à la vie.

Krōdham varumbōḷ kṣamikkān - vēṇṭum
vīryam manassinnu vēṇum
vīryam karuttezhum gāṇḍīvamā ṇatu
dharma jayikkān kulaykkām

Quand la colère monte, le mental doit avoir la force de pardonner. Cette force est un arc puissant qui peut gagner la bataille du dharma.

Kāpaṭyam uḷḷil potiññum - viśva
mānavan tānennu nāṭyam
mānava maitriyum viśva mataikyavum
nāvil cetumbicca mantam!

Certains prétendent vivre pour le monde entier mais ce n'est qu'un mensonge. La fraternité universelle et l'unité des religions sont des slogans qui se sont décomposés dans leur bouche.

Mānavaikya tinte mēnma - atya-
rārum paṭhippicci ṭēṇṭā
janmanā nāmatil tan mayarāṇ āru-
manyarall ātma bhāvattil

Nul n'a besoin de nous enseigner la grandeur de cette vérité : l'unité de l'humanité. Dès la naissance, nous sommes en harmonie avec cela. Pour ceux qui ont réalisé le Soi, il n'existe pas d'étranger.

Lōka morārādya puṣpam - dēśa-
mōtōnnum ōrō daḷaṅgaḷ
bhinnamall ammaykkatōrō
bhamgiyārnnō manikkēṇum

Le monde est une fleur digne d'adoration,
dont chaque pays constitue un pétale.
Amma ne fait pas de différence entre eux et les aime tous.

Tulyamām svātantryam ārkkum - ārṣa-
sandaśa sāramat ōrkkū
uccattilud ghōṣaṇam cheyka nām divya
mānavai kyattinte mantram

N'oubliez pas le message des anciens sages :
« la même liberté pour tous. » Proclamons haut et fort
le mantra de l'unité de l'humanité.

Āzhattil ādaravōṭe - namme
nāmari yumbozhē nammaḷ
ārṣapratibha tan satyā nubhūtiyil
martya svātantryam svadikkū

Lorsque nous connaîtrons notre nature profonde,
nous obtiendrons l'expérience de la Vérité contemplée
par les anciens sages et nous goûterons la vraie liberté.

Uḷḷam prabhā pūrṇṇam ākum - uṇma
namme karam tannuyarttum
uḷḷeriyum jñāna dāhāgni tīvramāy
uṇmatann ulviḷi kēḷkkum

La lumière intérieure brillera de tout son éclat ;
la Vérité viendra à notre aide ;
nous brûlerons de désir pour la Connaissance
et nous entendrons dans notre cœur l'appel de la Vérité.

Uḷveḷiccam vīśi makkaḷ - varṇṇa
bhēda vidvēṣam veṭiññu
pārinte pūm ukhattāḷi jvalikkunna
ponviḷakkāy prēśābhikkū

Mes enfants, oubliez les différences de castes et de couleurs,
répandez la lumière qui est en vous ; soyez une flamme dorée
qui brille avec éclat sous le porche du monde.

Onnikka makkaḷ manassāl - lōka
nanmaykku nēdikka namme
caitanya dīpta māmun mukta cētassil
vārnn ozhukaṭṭe svarganga

Unissez-vous, mes enfants, et consacrez-vous au bien du monde. Que le fleuve céleste du Gange coule dans votre cœur libre et rayonnant !

Anyartan kaṇṇīru kāṇkē - manam
kallāyuray kunna makkaḷ
madyōtsavattāl gṛhacci dravum nāṭi-
nuḷttēṅgalum vilaykkunnu!

Ceux de Mes enfants (dévots) dont le cœur reste de pierre
devant les larmes d'autrui, brisent leur famille
et engendrent la misère dans le pays en s'adonnant à l'alcool.

Ḍambhum kuśumbum muḷacchu - hṛttil
daṇḍakāraṇyam tazhaykke
ūḷḷile paital karaññu viḷikkunnu
kāṭaruttā śvāsamēkū

Quand l'orgueil et la jalousie germent dans le cœur, il devient une jungle.
L'enfant qui demeure dans votre cœur pleure en implorant votre aide. Sauvez-le en coupant la forêt.

Aiśvaryam kaivarum nēram - garvvu
kāṭṭāte dharmam pularttū
dharmam pularttuvān kaivannora iśvaryam
daiva kāruṇya mennōrkkū (Ōmkāra...)

Quand vient la prospérité, n'en tirez pas vanité, utilisez-la pour favoriser le dharma (le respect de la justice divine). Rappelez-vous que la prospérité qui nous est donnée pour répandre le dharma est une grâce de Dieu.

Puṇya karmmattāl manuṣyan - kivya
lōka bhōgaṅgaḷum nēṭrum
eṇṇa tīrnnālkkeṭum dīpam kaṇakku tan
puṇya mattiṅguṭal tēṭum

En accomplissant des actes méritoires, l'être humain obtient les plaisirs des mondes célestes.
Quand ses mérites sont épuisés, il doit renaître en tant qu'être humain, comme la lampe qui s'éteint quand l'huile est consumée.

Tāzhmayil jīvikka makkaḷ - hṛttil
ārātirikkaṭṭe vīryam
martya janmattinte vāg dattalakṣyattil
śraddha tannastram kulaykkū

Mes enfants, menez une vie humble.
Que le courage qui emplit votre cœur ne faiblisse jamais.
Dirigez la flèche de shraddha (la foi) vers le but promis de la vie humaine.

Ōm ennorēkā kṣaratte - sarvva
vēda vumādari kunnu
ātma pratīkamī nāda bījam koṇṭu
ātma hṛdantam teḷikkū

Tous les Védas glorifient la syllabe Om.
Illuminez votre cœur avec ce noyau sacré du son, symbole du Soi.

Arccan āsūnamāy namme ' svayam
arppaṇam ceyyuvin makkaḷ
lōka käryārtthmāy nēdiccu jīvitam
cāritārtthyam pūkiṭaṭṭe (2x)

Mes enfants, soyez la fleur offerte en adoration au Seigneur. Puissiez-vous trouver la plénitude en consacrant votre vie à servir le monde.

Jñāna dānattin caritram ' divya
snēha dānattin caritram
āyirattāṇṭukaḷ mudraṇam ceytorī
nāṭin mukam nitya ramyam (2x)

L'histoire de ce pays est celle du don de la Connaissance ultime,
du don de l'Amour divin. C'est cette histoire millénaire
qui donne au visage de l'Inde sa beauté éternelle.

Snēhanūl nīḷattil nūlkkām ' atil
dēśa sauhārddam korukkām
varṇṇā bhamārnnorā hāram uḷkkāmbile
ōmkāram ūrttikku cārttām (2x)

Filons un long fil d'amour et fabriquons une guirlande
en y enfilant les fleurs de l'amitié pour tous les pays.
Offrons cette guirlande muticolore au divin son Om
qui vibre dans notre cœur.

Aikyattinākātta karmam ' ātma
saughyattin ennum taṭastham
lakṣyam pizhaccu nērkkettum śaram kaṇa-
kāpattaṇaykkuma dharmam (2x)

Les actions qui n'engendrent pas l'unité sont toujours un obstacle
au bonheur. Les actions injustes nous mettent toujours en péril,
comme une flèche ayant manqué son but : elle nous revient.

Toṭṭutoṭṭill ennamaṭṭil - mṛtyu
toṭṭupinnālē carippū
appappōḷ namme viḷiccuṇ arttum tante
nitya sānniddhya teyōrkkū 2x)

Rappelez-vous que la mort nous suit comme notre ombre.
De temps en temps, elle nous réveille et nous rappelle sa présence
constante.

ityam nirantaram hṛttil - bhakti
śraddhā vivēkam viḷakki
tatvamasī lakṣya sārasava svamām
muttāyi śōbhikka makkaḷ (2x)

Mes enfants, cultivez la dévotion, la foi et la sagesse ;
ayez la beauté et l'éclat des perles.
Devenez l'Essence de la parole des Écritures : « Tu es Cela ».

Dhyāna prakāśattilūṭe - dvandva
vairuddhya bhāvaṅgaḷ māyum
dhyān ōrjjarēṇukkaḷ dharmōd dhṛtaṅgaḷām
karma tinuḷkkaru tēkum

À la lumière de la méditation, le sentiment de la dualité,
les paires d'opposés (bien/mal, etc) disparaîtront.
L'énergie obtenue par la méditation vous donnera
la force intérieure nécessaire pour agir en faveur du dharma.

Vīṇayil nādam kaṇakkē - prāṇa
tantriyil ōmkāram ōlān
vēṇam nirantar ābhyāsam svaramṛta-
pānam tuṭarnnāra mikkū

Pour que la musique du Om jaillisse constamment du cœur,
comme les notes sur les cordes de la vina (luth indien),
il faut une pratique constante. Goûtez l'ambroisie de ce son,
savourez-le.

Toṭṭāl trasikkunna śakti - martya
hṛttil niguḍham vasippū
mītē manōvṛtti mūṭi pataykkayā-
lōrātiri kayāṇārum

Dans le cœur de l'Être humain demeure la Puissance secrète
qui s'éveille dès qu'on l'effleure. Si nous n'en avons pas conscience,
c'est qu'elle est recouverte par le fonctionnement du mental.

Dhyānattil vērukaḷāzhtti - karma
śākhakaḷ lōka tulartti
jīvitam ākum mahā vṛkṣam ēvarkku-
mēkaṭṭe śītaḷa ccāya

Plongeant ses racines dans la méditation
et produisant les branches des bonnes actions,
puisse le grand arbre de la vie procurer à tous la fraîcheur de son ombre !

Sīmayattuṇ maye pulkū - uḷḷam
saumya bhāvōjvala mākkū
sauvarṇṇa phullā ravindam kaṇakkutan
uḷḷam malarkke viṭarttū

Mes enfants, embrassez la vérité sans condition ;
que la bienveillance illumine votre cœur,
puisse-t-il s'épanouir dans la plénitude, comme un lotus doré.

Divya mātāvin karattil - iḷam
paital āytīrān kotikkū
jīvitād dhyāyṅgaḷ ōrōnnu manyarkku
mātṛ kādar paṇam ākkū

Aspirez à être comme un bébé dans les bras de la Mère divine !
Que tous les chapitres de votre vie soient pour autrui un miroir idéal !

ŌMKĀRA DIVYA PORŪḶE 11

Ōmkāra divya poruḷē - varū
ōmana makkaḷe vēgam
Ōmanayay vaḷarnnā mayaṅgaḷ nīkki
ōmkāra vastuvāy tīrū

Venez vite Mes enfants chéris, vous êtes l'essence du Om.
Effacez toute souffrance, devenez dignes d'adoration
et unissez-vous à la syllabe sacrée Om.

Ātma vipañcikamīṭṭi - snēha
gānaṅgaḷ ālapiccīṭū
nīrum manassukaḷ kāśvasa tīrtthamāy
snēhardra gānam pozhikkū!

Sur la vina du Soi, faites résonner le chant de l'Amour. Soyez l'eau sacrée qui apaise les cœurs brûlants de douleur par la mélodie de l'Amour.

Lōla vikāraṅgaḷētum - krōdha
vēnalil vāṭinnaḷarum
vēru ventūrnnupōm jīvita vallikaḷ
snēham taḷiccal taḷirkkum

La canicule de la colère brûlera les tendres pousses de l'Amour.
La colère détruit la vie, comme le soleil d'été dessèche les racines des lianes.
Elles seront régénérées si nous les aspergeons d'amour.

Vēdam viḷaññorī maṇṇil - bheda
bhāvam viḷayunnat entē?
snēhattin pūntēn ozhukkil innīmaṇṇu
kōrittari kāttat entē?

Dans le pays d'origine des Védas, pourquoi le sentiment de dualité grandit-il ? Pourquoi ne sommes-nous pas transportés d'extase quand le miel de l'Amour coule en abondance dans ce pays ?

Kāyphalam nalkātezhikkum - verum
pāzhcceṭi yākāyka makkaḷ
kāykkilum kayppum kavarppum vitaykkunna
jīvitam nāṭinnan arttham!

Mes enfants, ne devenez pas comme des arbres dépourvus de fruits ou dont les fruits amers et aigres causent la ruine du pays.

Oṭṭupēr namme stutikkām - pinne
oṭṭupēr namme duṣikkām
nammil namukkātma viśāsam uṇṭeṅkil
raṇṭum namukkonnu pōle!

Nombreux sont ceux qui nous couvrent de louanges
ou qui nous condamnent. Si nous avons confiance en notre Soi,
les deux sont équivalents à nos yeux.

Sattatan lāvṇyalāsyām - hṛttil
nityavum kaṇṭā svadikkū
cuṭṭunōvin cuṭukaṇṇīrināy vṛthā
svapnaṅgaḷ neyyāyka makkaḷ

Efforcez-vous chaque jour de goûter la conscience divine qui danse dans votre cœur.
Mes enfants, ne construisez pas de châteaux en Espagne,
car il n'en résultera que des larmes brûlantes de douleur.

Samgharṣa vahniyil nīri - kāñña
kaṇṇīr ozhukkēṇṭa makkaḷ
vātsalyam ūṭṭittal ōṭuvā nammayu -
ṇṭātma dhairya tōṭeṇīkkū

Lorsque vous vous débattez dans le feu des tensions, ne pleurez pas, Mes enfants.
Relevez-vous avec courage, Mère est là pour vous nourrir de Son amour.

Mālinya millātta kaṇṇil - viśva
mākeyum caitanya dhanyam
nāma rūpaṅgaḷ pratītiyāṇ ōkkeyum
māññupōm vṛttikṣayattāl

Contemplé avec des yeux purs, le monde entier n'est que Conscience divine.
Quand les pensées s'évanouissent, le mirage des noms et des formes disparaît.

Kāla perumpāmbu namme - melle
vāykkuḷḷil ākkunnu gūḍham
āyussar unnatum ōrā tahōrātram
āhanta! teṭunnu bhōgam

La mort, tel un python, nous avale lentement, sans faire de bruit.
Ignorant la mort qui approche, nous recherchons jour et nuit les plaisirs des sens.

Ōṭittaḷarnna manassu - svantam
jīrṇṇava pussum cumannu
jīvitam ākumazhu kucālil nīnti
pōkunnu mṛtyuvin pinpē!

Le mental dissipé, affaibli par sa course sans fin,
porte le fardeau du corps qui se détériore ; ce mental surnage dans la vie comme les eaux usées dans les égoûts, et la mort s'ensuit.

Ōrttālīsam sāramōṭi - ennum
antakan tīrttapūvāṭi
ātmāvil ātmāvuṇar navark ātmāvil
kāṇāmit ānanda vāṭi

Si nous employons notre discernement, nous voyons bien
que la splendeur du monde est un jardin créé par le dieu de la mort.
Pour ceux qui sont éveillés et contemplent le Soi,
ce monde est un jardin de béatitude.

Uḷḷinte kāṭṭil timarppū - krūra
jantukkaḷ nityam yathēṣṭam
ōrō manassinte puttilum vidvēṣa
sarppam viṣamcītti nilpū!

Dans la jungle du mental, de nombreuses bêtes sauvages
ripaillent quotidiennement. La fourmilière du mental
abrite le serpent de la haine qui crache partout son poison.

Nūlizhay ōrō nazhiccu - cennāl
kāṇān kazhiyilla vastram
saṅkal vēraruttāzha tilettiyāl
kāṇillatēpōl manassum

Quand on enlève les fils, le tissu disparaît. Ainsi, si nous arrachons
les racines de la pensée, le mental disparaîtra.

Kūṭṭile paiṅkiḷiyākā-tātma
sattatan mōcanam tēṭū
pāṭattu punnelkkanir kōtti mānattu
pārum panamtatta pōle!

Ne cherchez pas à être comme un oiseau en cage. Recherchez la
liberté du Soi, comme des perroquets qui savourent les graines
dans les champs, libres de s'envoler vers le ciel.

Kāzhcakaḷ kaṇṭu kaṇṭiṅg - makkaḷ
kaṇṇā yatōṅgā marannu
lakṣyam purattall aṭuttāṇ akattāṇ-
naśvar ātmānanda vastu

Mes enfants, les paysages extérieurs vous ont fait oublier l'œil intérieur.
Le but n'est pas à l'extérieur, mais à l'intérieur, c'est le Soi plein de béatitude.

Kūṭevann īṭill oraḷum - antya
kālattu bandhukkaḷ pōlum
bhāṇḍam murukk ēṇṭanāḷ varum pōnkina-
vellām atōṭasta mikkum

Personne ne vous accompagnera au moment de la mort,
pas même vos proches. Il faudra bien un jour faire votre baluchon ;
tous vos rêves dorés s'évanouiront.

Oṭṭum nin aykkātirikke cuṭṭu
nōvētti duḥkham tiḷaykkum
addhyātma labdhiyala llāteyār illa
nīrum manaḥ klēśamārkkum

Sans que nous nous y attendions, le chagrin surgit
et provoque une douleur cuisante. Sans la connaissance du Soi,
la souffrance mentale ne s'apaise jamais.

Mārggaṅgaḷ ellām aṭaññu - raudram
āḷippaṭarnnu kattumbōḷ
rakṣa yārōnnārtta kakkāmbu vēvunna
lakṣangaḷ āṇinnu cuttum!

Quand toutes les issues seront bouchées
et que le feu de la violence se répandra,
des milliers de gens plongés dans la souffrance mentale
viendront chercher de l'aide.

Jātiyē pūjiccuraññu - svantam
vīṭinnu tī koḷuttunnu
lābhavītatt inte kaikaṇa kilkatti
yāḷunnatārṣa samskāram

En vénérant le système des castes,
les gens mettent le feu à leur propre maison.
La culture de l'Inde (Bharat), est consumée par l'avidité et l'égoïsme.

Ādarśavādam muzhakkumtellum
ācarikkillattinleśam
jīvitam ācāraniṣṭhamalleltulōm
ādarśavādam nirartmam

Les gens tiennent des discours idéalistes
mais ils ne mettent rien en pratique.
Il ne sert à rien de parler d'idéaux élevés
si notre vie ne se fonde pas sur leur pratique.

Samvāda satraṅgaḷ vēṇṭa - cīrum
vagvada sīlkkāram veṇṭa
bhāvāt makaṅgaḷ āmādarśa śuddhiyil
ātmavīryam trasikkaṭṭe!

Inutile de se rassembler pour débattre et fulminer.
Que la gloire du Soi se manifeste par des actions sincères et pures.

Ātma saurabhyam tuḷumbum - vākki-
larkkum viṣvāsam janikkum
tannil tanikkilla viśvāsam eṅkilō
pinnāratil kāmbukāṇum!

Les paroles d'un Être réalisé sont des fleurs parfumées
que tous recueillent et auxquelles on ajoute foi.
Mais qui croira celui qui n'a pas foi en lui-même (l'atman) ?

Mādhurya mūrum vacanam - jīva
kāruṇya mūrum nayanam
ādarśa dīpam jvalikkunn ōruḷḷavum
mānava maitrikku mānam!

Des paroles douces comme le miel, des yeux
qui répandent la compassion sur tous les êtres,
un cœur où brûle la flamme de l'idéal suprême,
ces trois vertus forment le tremplin qui permet
aux êtres humains de s'unir dans l'amitié fraternelle.

Ētō bhayattinte puttil - martya
lōkam vitaccu nilkkunnu
anyante jīvitam taccuṭaykkān kaika-
ḷanyōnayam vāḷōngiṭunnu!

Le monde des humains tremble de peur.
Ils brandissent des épées meurtrières pour semer la destruction.

Kātōrttu keḷkkuvin makkaḷ - lōkam
tīgōḷ amāyuruḷ unnu
ātmaikya millāte nētram cuvappiccu
nērkkunēr garjjicciṭ unnu!

Écoutez bien, Mes enfants, le monde ressemble à une boule de feu tournoyant sur elle-même. Les yeux rouges de colère, les humains rugissent, inconscients qu'ils sont en réalité unis dans le Soi.

Tanne tyajikkātta tyāgam - tyaga
mallatum poḷḷunna bhogam
ellām tyajiccavan ña nenn ahantayum
makkaḷe bandha namārggam

Si vous ne renoncez pas à votre ego,
votre renoncement ne mérite pas ce nom.
Cela équivaut à brûler dans le feu des plaisirs.
Le seul fait de penser « je suis un renonçant » vous aveugle.

Dānattil ñānenna bhāvam - ninnal
ceyyunna karmam duṣikkum
sthānattinum svargga lābhattinum nammaḷ
ceyyunnatum svārttha karmam!

Si vous faites la charité en en tirant vanité, cette action devient impure. Si le but de nos actions est d'acquérir du pouvoir ou de savourer les plaisirs célestes, cela aussi est égoïste.

Svantamāy ōnnum illeṅkil - makkaḷ
anyarkku pinnentu nalkum?
anya duḥkhattil manam tapi kāttavar-
kanyamām ātma sambattum!

Si vous ne possédez rien, que pourrez-vous donner ?
Si votre cœur ne ressent pas douloureusement la souffrance d'autrui, vous ne découvrirez pas le trésor du Soi.

Ceyyunna tellām aśuddham - nammaḷ
kōyyunna tellām anarttham
ceyyām manassinte kaṇṇāṭiyil nōkki
koyyām kalarppatta puṇyam

Toutes nos actions sont impures et les fruits
que nous en retirons sont vains. Si vous agissez
en regardant le miroir du mental, vos mérites seront purs.

Nāriye pūjicca puṇyam - inn
nārakī yāgniyil vīzhtti
māna kṣayttinte kāṭṭutī kattunnu
nāṭeṅgum innatin tēṅgal!

Les mérites acquis en vénérant les femmes
ont été jetés au feu de l'enfer. L'incendie de la chute
de leur vertu dévore tout et leurs pleurs résonnent dans tout le pays.

Satyatte sambattināyi - vātu
veykkan maṭikkātta lōkam
satya niṣṭhakkāy samarppicca jīvita
śuddhi inn ārōrttiṭunnu!

Le monde actuel n'hésite pas à vendre la vérité pour de l'argent. Qui songe aujourd'hui à mener une vie pure, consacrée à la quête de la Vérité ?

Nālāṇṭu nannāy śramiccāl - ārkkum
nēṭam nijānanda lakṣyam
nalkāmurapp amma cūṇṭunna nērvara
nīṅgāte nīṅgiyāl mātyam!

En s'y consacrant totalement, il est possible d'atteindre la béatitude du Soi en quatre ans. Amma vous l'accordera si vous ne déviez jamais du chemin qu'Elle a tracé.

Veda sūktaṅgaḷ pukazhtti - "gītā
māta"yum kīrtticcu pāṭi
ātma sūryōdaya pōnnuṣaḥ sandhyaye
pērttum atēttēttu pāṭu!

Si vous récitez régulièrement des hymnes védiques
et notre Mère Gita (la Bhagavad Gita),
le soleil du Soi se lèvera en vous.

Bāhyanetyam pintiriccu - śraddha
antarātmā viluraccu
annukaṇṭ atbhutum inn umataṅgane
maṅgātta māyātta satyam!

Dirigez fermement votre œil extérieur vers le Soi intérieur.
La Vérité éternelle, immuable, y brille aujourd'hui comme il y a des milliers d'années.

Uḷḷile daiva sanniddhyam - namaḷ
uḷḷapōl kaṇāttat entē?
Uḷḷil manassilla tanyavastu kaḷe
nuḷḷi kōriccu nilkkunnu!

Pourquoi ne percevons-nous pas la présence du Soi à l'intérieur ? Notre mental se tourne vers les objets des sens au lieu de regarder à l'intérieur.

Pūvam pasādavum vāṅgi - dēva
prītikkay kaṇikka nalkam
uḷḷile śrīkovil taḷḷittur annuḷḷu
kaṇuvān dhairyam illārkkum!

En donnant de l'argent, vous pouvez recevoir du prasad, fruits et autres offrandes faites à Dieu.
Mais personne n'a le courage d'ouvrir le sanctuaire intérieur.

Svantam hṛdantam marann - svarga
vātilil muṭṭeṇṭoraḷum
illāta vātil turakkān orumbeṭā
iḷḷam turakkān pathiykkū

Ne frappez pas à la porte du Ciel en oubliant votre cœur (Soi).
Au lieu d'essayer d'ouvrir une porte qui n'existe pas,
apprenez à ouvrir votre cœur.

Dūrattūnn ārānum vannāl - namu
kārennatōrān tiṭukkam
ārutā nennalla - ārā ṇatennaṇ
ārayuvān namu kiṣaṭam!

Si quelqu'un vient de loin, nous cherchons à faire sa connaissance.
Nous demandons : « Qui est-ce ? » au lieu de demander : « Qui suis-je ? »

Kāla koṭuṅkātt aṭikkum - dēham
ētu nērattum patikkum
ātma lakṣyattil manassu veccīlōka
līlayil sākṣyam vahikkū!

Le moment venu, le cyclone du temps emportera le corps.
Essayez de fixer votre esprit sur le but, sur le Soi,
et regardez le théâtre du monde en spectateur.

Nāl āśramaṅgaḷ vidhiccu - saumya
jīvitam nammaḷ nayiccu
mṛtyu mārgga tinnetirē cariccu nām
mukti pīyūṣam svadiccu

Quatre étapes de la vie avaient été prescrites (par les sages) et nous menions alors une vie paisible. Nous goûtions le nectar de la Libération, en avançant sur le chemin de l'immortalité.

Cōdicca varkkēkiyētum - nammaḷ
pētal ābhaṅgaḷ ōrkkāte
pratyu pakāram kōti callayēv arkkum
'svasti'yī nāṭinte dharmam

Sans peser les pertes et les gains, nous avons tout donné à ceux qui l'ont demandé. Ce pays n'a jamais souhaité de compensation, son devoir était de désirer la paix pour tous.

Ellām marannu pōyinn - lakṣyam
indriy ārtmaṅgaḷil taṅgi
kāṇunnat okkeyum durnim ittaṅgaḷāy
kālakkēṭ ennatin bhāṣyam!

Nous avons tout oublié et vivons pour les plaisirs des sens. Tout ce que nous observons est de mauvais présage, on peut le qualifier de « malheur des temps ».

Jīvitam naivēdyam ākkū - manō
nākkilayil nivēdikkū
ātma svarūpikaḷ makkaḷē niṅgaḷā
tīkkanal ūtitteḷikkū!

Que votre vie soit une offrande à Dieu,
un pudding sucré (naivedyam) offert sur la feuille de votre mental.
Mes enfants, vous êtes l'incarnation du Soi,
essayez de faire jaillir l'étincelle de ce feu intérieur.

ONNU TIRIÑÑIṄGU NŌKKAṆĒ

Onnu tiriññiṅgu nōkkaṇē kṛṣṇā (2x)
ente ponnin ponnāra nīlakār varṇṇā
kṛṣṇā... kṛṣṇā... kṛṣṇā...

Daigne Te retourner et me jeter un regard, O mon Krishna chéri,
Toi qui as le teint sombre des nuages de pluie.

Mañña pītāmbara paṭṭuṭuttu
maṇṇil puraṇṭoru dēhavumāy
Añjana kaṇṇukal cimmi cimmi
piñcu karaṅgaḷil veṇṇayumāy
onnu mariyāte puñcirikum
kṛṣṇā... kṛṣṇā... kṛṣṇā...

Vêtu de soie jaune et délicate, le corps couvert de poussière,
les yeux sombres qui cillent de temps en temps,
Tu tiens du beurre dans Tes petites mains
et Tu souris avec innocence, O Krishna, Krishna !

Pica vecu nī melle naṭannu
tetti pūmāla kalāke ulaññu
Accyutā nīyaṅgu muttatt iraṅgi
maṇṇu vārittinna paitalallē
amma kaṇṭaṅgati śayiccu
kṛṣṇā... kṛṣṇā... kṛṣṇā...

Tu trottines doucement, Ta guirlande de fleurs se balance au rythme de Tes pas mal assurés. Achyuta, n'est-ce pas Toi, l'enfant qui est entré dans la cour et a mangé de la boue ? Ta mère (Yashoda) T'a vu et a été stupéfaite (en contemplant l'univers entier contenu dans Ta bouche). O Krishna ! Krishna ! Krishna !

ORU KOCCU KUÑÑINTE

Oru koccu kuññinte tanuveni kunṭeṅkil
entoru bhāgya māyēne
Ōṭiyaṇaññu ñān āmaṭittaṭṭil
vīṇu rasiccu pōnnēne

Oh, quelle chance ce serait d'avoir le corps d'un petit enfant !
Je courrais me blottir sur Tes genoux, pour m'y ébattre ravi !

Ā veḷḷa cēlatan tumpu piṭicu ñān
picca naṭannu pōyēne
Mattoru kuññine talōli cennāl ñān
śāṭhyam piṭicu kēṇēne

Je m'agripperais au bas de Ta robe blanche
et j'esquisserais quelques pas !
Et si Tu cajolais un autre enfant,
je pleurerais en protestant avec vigueur !

Cāruta yārnorā mukha patmam vīkṣiccī
lōkam marannu ninnēne
Ōnnenne nōkki nī hasiccennu vannāl
tuḷḷikkaḷi cirunnēne

Oubliant ce monde, je resterais là, à contempler Ton visage de lotus !
Et si j'obtenais un regard ou un sourire, je danserais de joie !

Kuññikka raṅgaḷ koṇṭā linganam ceytu
kinnāraṅgaḷ paraññēne
Viṭṭiṭṭu pōkan udyami cennāl
vaṭṭam piṭiccu ninnēne

Je T'étreindrais avec mes petits bras et je babillerais.
Et si Tu voulais partir et me quitter, je piquerais une grosse colère !

Enne kaḷippiccu nī maraññennāl
poṭṭi karaññu pōyēne
Kaṇṇuruṭṭi nī pēṭippi cennāl
vitumpi karaññu ninnēne

Si Tu réussissais à T'esquiver à mon insu, je fondrais en larmes.
Si Tu me faisais les gros yeux pour m'effrayer, je sangloterais.

Kōpam naṭiccu nī talliyāl pādattil
muruke puṇarnnu kēṇēne

Et si Tu feignais la colère et me repoussais,
je m'accrocherais à Tes pieds en pleurant !

ORU KOCCU PULNĀMBIN

Oru koccu pulnāmbin tunpattiṅgi-ttunna
oru maññu tuḷḷiykku tulyan ñān...
oru maññu tuḷḷiykku tulyan ñān...
Kṣaṇanēram nila ninnu takarumī himakaṇam
ulakattin katha yentariññu - neṭiya
kālattin gati yentaṛiññu?

Je suis une goutte de rosée à la pointe d'un brin d'herbe, en vie l'espace d'une aurore, perle délicate, douloureuse, tremblante, je vacille, me vide, et bientôt plus ne serai. Pauvre de moi, pourrai-je jamais sonder le mystère de ce monde inextricable, le mouvement incessant du temps, sa course, son impulsion, son but ? Confiné dans ce monde, pris au piège du temps, pourrai-je jamais reconnaître la Vérité transcendante ?

Oḷḷiyum nizhalum menayunna rūpaṅgaḷ
sthiramennu ñān ōrttiṭunnu - satya
dhanamennu ñān ōrttiṭunnu
Oḷi māññāl nizhal māyum
nizhal māññāl marayum nāl
kamanīya rūpaṅgaḷ ellām - kaṇṇum
karaḷum kavarunnat ellām

Fou que je suis, jouet de l'illusion, las ! Je crois réel ce que sculptent l'ombre et la lumière - chimères éphémères, ce que leur jeu sans fin évoque – bulles de néant. La lumière projette des ombres, elles s'évanouissent lorsque disparaît la lumière ; Oh! Les myriades de formes, si charmantes, s'épanouissent dans la lumière ;
mais où sont-elles, lorsque la lumière se retire ?

Viriyunna pūviṇṭe azhakil ñān aṛiyāte
mizhi naṭṭu mati mayaṅgunnu... ente
nila maṛannanu mōdiykkunnu
Aṭarunna pūvupōla ṭarum ñān lāḷicca
cirakāla svapnavum ñānum... puttan
abhilāṣa pūmoṭṭu pōlum.

Je contemple, fasciné, la fleur épanouie, parfumée, colorée ; enchanteresse, elle oscille, sourit, et dans mon ignorance irréfléchie, je chante ses louanges, ravi. Insensé ! Ignorai-je que cette fragile beauté fanera avant le coucher du soleil ?
Ignorai-je que mes rêves éclatants périront de même ?

Kālattin nīḷatte ñān onn aḷakkumbōḷ
ñānenna 'māna'vum māyum...māññāl
māyum 'ñān' - 'nī'yennatellām
Kaṭalinte āzham ñān ariyumbōḷ 'ñā'nākum

'kana'vumaṅgaṭil līnamākum pinne
karakēṟān ñān illennāvum

Lorsque je cherche à mesurer le temps incommensurable, le « moi » disparaît, le « Toi » et le « tout » s'effacent ; si « je » ne suis pas, qui est là pour connaître qui ?
- Un vide absolu. Quand je cherche à sonder l'insondable océan, je me dissouds avec ma toise dans la vaste étendue saline et mugissante,
O... alors, plus de « moi » pour revenir au rivage et dire sa profondeur.

ORU MAṆAL TARIPŌLUM

Oru maṇal taripōlum avirāmama viṭuttē
tikavut toravatāra katha parayum
amṛtāmayī tava hṛdaya kṛpārṇṇava
madhura rasāmṛta katha parayum

O Amritamayi (nectar de l'immortalité) ! La moindre particule de poussière chantera à jamais le jeu incomparable de Ta divine incarnation ;
elle contera l'histoire immortelle, douce comme le miel,
de la compassion de Ton cœur, vaste comme l'océan.

Amṛtānandam sahaja svabhāvam
amara padam nin tirupada kamalam
Amṛtamayī tava pada malarūnnum
malayāḷ-attinum amara padam

La béatitude immortelle est Ton état naturel. Tes pieds de lotus sacrés sont en vérité la demeure des dieux. O Amritamayi ! Le Kérala, béni par le contact de Tes pieds de lotus, a lui aussi obtenu la gloire immortelle.

Dāhicca maṇṇinte dāham śamipikkum
snēhāmṛta tintē dhārā pravāhamē
Mānava lōkam samārādhanam ceyyum
pārinna dhīśa caitanyame vandanam.

Tu es un flot constant d'Amour immortel qui apaisera la soif du pays.
Nous nous prosternons devant Toi, la Conscience qui régit l'univers et que vénèrent les humains.

ORU NIMIṢAM EṄKILUM

Oru nimiṣam eṅkilum svairyam uṇṭō
Iha lōka sukham tēṭi alayum manujā
ninakkoru nimiṣam eṅkilum svaiyram uṇṭō

O Homme, toi qui cherches le bonheur en ce monde,
connais-tu une seule seconde de paix ?

Paramārtha tatvaṅgaḷ ariyāte māya tan
nizhalinte pinpē brahmiccu cāṭi
Eriyunna tī kaṇṭa śalabham kaṇakke
oru phalavum illāto ṭuṅgān tuṭaṅgunnu (sans reprise)
Ninakkoru nimiṣam eṅkilum svaiyram uṇṭō (unisson)

Ignorant de la Vérité, tu as couru après l'ombre de maya (l'illusion).
Tu connaîtras le même sort que le papillon attiré par la flamme.

Kṛmiyāyi puzhuvāyi izhayunna jantukkaḷ
palatāyi paṛavakaḷ mṛgavumāyi
Kramamāy uyarnnu yarnnātmā nubhūti tan
narajanma mārjjiccat entinnu nī (sans reprise)
Ninakkoru nimiṣam eṅkilum svaiyram uṇṭō (unisson)

Tu as évolué peu à peu au cours de nombreuses incarnations (vers, reptiles, oiseaux et mammifères) pour devenir enfin un être humain.
Quel est le but de la vie humaine, sinon de réaliser le Soi ?

Atinalla manujante vilayēriṭum janmam
atinuṇṭō ravakāśa matinu vēṇṭi
Abhimāna dhana-dāra mōham veṭiññu nī
harihara parabrahma bhajana ceytallāykil (sans reprise)
Ninakkoru nimiṣam eṅkilum svaiyram uṇṭō (unisson)

Rejette l'orgueil et l'avidité, abandonne cette vie illusoire et consacre ta vie à chanter la gloire de Brahman. La réalisation de Dieu est ton droit de naissance ; ne gâche pas cette précieuse vie.

ORU PIṬI DḤUKHATTIN

Oru piṭi duḥkhattin kai kumbilum
netuvīrpil oṭuṅgunna kathayumāy
antikē nilkumi nin makanē
onnu kadākṣikkān bhāvam illē?

O Mère, me jetteras-Tu enfin un regard miséricordieux ?
Je T'attends depuis longtemps, les mains jointes,
le récit de mes malheurs ferait pleurer une pierre.

Nindyayāi kaṇṭu koṇṭāy irikkām
ninne ariyātta kāranavum
Onnum ariyāte entu ceyyum ammē
onnum arivāno kelpumilla

Je suis incapable d'appréhender Ton être divin ; est-ce à cause de mon ingratitude et de l'impureté de ma perception ?
Je n'ai pas la capacité de Te connaître.
O Mère, que puis-je faire pour Te connaître ?

Ammē ennulloru nītivili
nin kātil vannaṅga ḷacidillē
Āśvāsa mēkuvān ettukille ammē
sāndvana vākkukal nalkukille

Il y a longtemps que je T'appelle en implorant, « Amma, Amma ».
N'entends-Tu pas mes supplications ? Ne viendras-Tu pas
me dire quelques tendres paroles de réconfort et de consolation ?

ORU PIṬI SNĒHAM TIRAÑÑŪ

Oru piṭi snēham tiraññū... ñān
nizhalinte pinpē naṭannū...
kayy ettuvānāy oruṅgi– vīṇṭūm
piṭiviṭṭu ñān iṅgalaññū... ammē... ammē...

En quête d'un atome d'amour, j'ai poursuivi des ombres.
O Mère, lorsque j'ai de nouveau tendu les bras, cherchant à saisir
cet amour, je n'ai pu l'atteindre et j'erre toujours.

Iḷakum kadanatti rayil...
taḷarnnu hṛdayam jananī?
Takarum jīvan iniyum
tirayuva teviṭen jananī?
varumō nī varumō...

Mon cœur, battu par les vagues cinglantes de la douleur, est las.
Ma vie s'effondre ; où donc Te chercherai-je encore ?
O Mère, ne viendras-Tu pas ?

Azhalārnn ozhukum mizhinīr
nukarnn uraṅgātini ñān
Jananī...! tiru pada malaril
uṇarān tava kṛpa yaruḷū...

O Mère, accorde-moi Ta grâce, afin que je puisse m'éveiller
à Tes pieds de lotus, sans jamais me rendormir,
sans plus jamais boire les larmes de la souffrance.

PĀHIMURARĒ PĀVANA CARITĀ

Pāhimurarē pāvana caritā
trāhi mahēśā gōpīśā
Pāhi kṛpālō vandita caraṇā (reprendre ā l'unisson)
parama pavitrā gōpālā

O Toi qui as tué le démon Mura, Toi dont les actes sont sacrés, protège-moi ! O Seigneur suprême, Seigneur des gopis ! Donne-moi refuge ! Toi qui es miséricordieux et dont les pieds sont adorés. Gloire au petit pâtre divin, suprêmement pur !

Hṛdi hṛdi mṛdupada naṭana kutūhala
līlā mānava rāsavihārī
Janaga ṇamana vṛndāvana mōhana
prēma ayānvita muraḷī bālā

Excellent danseur, Tu danses dans notre cœur à pas légers.
Ta forme humaine n'est qu'un jeu divin, Tu te délectes de la danse rasa, captivant le cœur des dévots, qui devient alors l'égal de Vrindavan.

Akhila carācara karma vidhāyaka
cakrā yudha dhara dharma vidhātā
Janimṛti jīvana kāḷiya mardana
samsṛti viṣa samhāri murāri

O Incarnation de l'Amour, petit joueur de flûte !
Tu dispenses aux humains les fruits de leurs actes. O Toi qui tiens le disque (arme divine), Champion éternel du dharma, Substrat de la vie et de la mort,

Tu as vaincu le serpent Kalya et tué le démon Mura,
Tu nous guéris du poison de l'attirance pour les objets du monde.

Viraha vitāḍita hṛdaya jvālā
pīḍita rādhā jīvasu dhāṁśō
Brahmānanda rasātma vikāsā
gō jīvātmā rādhā dhārā

Pour le cœur de Radha, consumé par les flammes de la séparation,
Tu es la lune ambrosiaque dont les rayons donnent la vie.
Toi, le petit pâtre divin, le Seigneur de Radha et de l'âme,
guide-les vers la béatitude infinie de l'Absolu.

PĀLANA PARĀYAṆI AMṚTĒŚVARI

Pālana parāyaṇi amṛtēśvari
pāvana pūjitē jagadīśvari

O Amriteshvari, Tu oeuvres sans cesse pour le bien de Tes enfants,
Souveraine de l'univers, Toi que vénèrent les âmes pures...

Śrita janamanō rañjini... śrī mannagara nāyikē
pañca tanmātra sāyakē namāmi śrī laḷitāmbikē

Toi qui donnes la joie à ceux qui cherchent refuge en Toi,
Souveraine de la cité la plus prospère, Tu tiens les cinq éléments
comme des flèches, O Mère Lalita dont tout est le jeu
(la création, la préservation et la destruction de l'univers),
je me prosterne devant Toi.

Patita lōkōddhā rakē... kalikan maṣa nāśinī
ābāla gōpaviditē namāmi śrī laḷitāmbikē

Tu relèves ceux qui ont chuté, Tu détruis les maux de cet âge sombre,
Toi que connaissent les enfants et les pâtres, O Mère dont tout est le jeu, je me prosterne devant Toi.

PAṄKILAMĀM EN MANASSU

Paṅkilamām en manassu koṇṭaṅgaye
saṅkiyāt eṅgane ñān viḷikkum (2x)

Comment pourrais-je T'appeler à l'aide sans hésitation,
O Seigneur, alors que mon mental est entaché par le péché ?

Tīyil paticcoru pulkkoṭi tumbinu
meyyazha kāśippān entu ñāyam? (2x)

Comment un brin d'herbe tombé dans le feu
peut-il prétendre qu'il est beau ?

Pāvana nāyiṭum aṅgunnu pāvakan
pāpiyāy uḷḷōn ñān pulkkoṭiyum (2x)

Tu es le Feu, O Très Saint, et moi, le pécheur,
je suis le brin d'herbe.

Pātaki pōlum nin pāvana nāmattāl
pūta svabhāvanā yennu kēḷppū (2x)

J'ai entendu dire que le pire des pécheurs pouvait devenir un saint
en répétant Ton Nom béni.

Ākayāl tāvaka nāmaṅgaḷ kēḷkumbōḷ
āke piṭayunnit en hṛdantam (2x)

C'est pourquoi, lorsque j'entends la litanie de Tes Noms,
mon cœur frémit.

Māmaka cittattil ninne vāzhippānāy
ñān ahōrātram paṇi peṭṭallō (2x)

J'ai trimé jour et nuit pour Te consacrer mon cœur.

Onn iviṭattil kaṭannu vannīṭuvān
ennil kaniyuka yillē nāthā (2x)

O Seigneur, par compassion, viendras-Tu,
une fois au moins, me rendre visite ?

En muṭikkuttil piṭiccizhacch eṅkilum
nin aṭittāril aṇaykkuk enne (2x)

Au moins, m'attrapant par les cheveux,
me tireras-Tu près de Tes pieds de lotus ?

PANNAGA BHŪṢAṆA PARAMA

Pannaga bhūṣaṇa parama dayālō
pārvati jānē mām pāhi
Vandita suramuni sundara rūpa
indu jaḍādhara sāmbaśivā

Protège-moi, Seigneur de Parvati ! Tu portes des serpents en guise de parure, que Ta forme est magnifique !
O Samba Shiva, la lune orne Tes cheveux emmêlés, Toi que vénèrent les dieux et les sages.

Sarva śivaṅkara saṅkaṭa nāśana
garva vivarjjita sarvahara
Tunga himālaya śṛnga nivāsa
gangā dhara hara jaganmaya

Toi qui accordes à tous ce qui est propice, Tu détruis le chagrin,
Tu anéantis ceux qui ne renoncent pas à l'orgueil,
Tu demeures sur les sommets de l'Himalaya,
O Hara ! Tu portes le Gange et Tu imprègnes tout l'univers.

Matilaya kāraṇa natajana pālaya
kuvalaya lōcana sanātana
Praṇava sarōruha nilayā pālaya
prapañca bharaṇā māmaniśam

Tu es la Cause de la dissolution du mental, le Protecteur des dévots,
Tu es l'Eternel dont les yeux sont pareils à la fleur kuvalaya ;
Tu résides dans le lac du Om. Protège-moi toujours,
O Souverain de l'univers.

Samba śiva hara samba śiva...

PARAMA PĀVANA VADANĒ

Parama pāvana vadanē varadē
śaradambikē [amṛtavarśini] vandanam

O Amma, Toi dont le visage est sacré entre tous, nous nous prosternons devant Toi, O Amritavarshini (Celle qui répand le nectar de la béatitude)

Citta śuddhi tan cāru citramām
ambikē jagadambikē
Satya sundara caritē mahitē
śaradambike [amṛtavarśini] vandanam

O Mère de l'univers, Tu es l'Incarnation de la pureté. Ta vie est gloire, vérité et beauté. Nous nous prosternons devant Toi.

Śānti tan mṛdu kānti cintiṭum
ambikē jagadambikē
Ēka mātā sakala jagadā
śaradambike [amṛtavarśini] vandanam

O Mère de l'univers ! De Toi émane la douce lumière de la paix... Toi la seule Mère de l'univers, nous Te saluons.

Mādhurī nidhē dāna vāridhē
ambikē jagadambikē
Nirmalā kṛtē dīna vatsalē
śaradambikē [amṛtavarśini] vandanam

O Mère de l'univers ! Trésor de douceur, Océan de générosité,
Ta forme est pure et immaculée, Tu es pleine d'affection
pour ceux qui souffrent. Nous Te saluons.

Loka sēvana nipuṇa-yāyiṭum
ambikē jagadambikē
Snēha sāramē bhavya tāramē
śaradambikē [amṛtavarśini] vandanam
Vandanam! vandanam! vandanam!

O Mère de l'univers, Tu excelles à servir le monde. Tu es l'Essence de l'amour, l'Etoile qui indique ce qui est propice. Nous Te saluons !

PARIŚUDDHA SNĒHATTE

Pariśuddha snēhatte tiraññu tiraññu ñān
rāppakal illāta laññiṭāvē
Paramārttham entenn aṛiññu ñān entammē
nin snēham mātramāṇiṅg abhayam

En quête de l'amour pur, j'ai erré, inconscient des jours et des nuits.
O Mère, Ton Amour seul est mon refuge, telle est la vérité suprême.

Nīṛunna cintayāl en manam taḷaravē
pratīkṣakaḷ nin snēham mātramallō
Viṅgunna hṛdayattil kotikkunnu ammē
nin snēha vātsalyam ēttiṭānāy

Mon mental est épuisé par les pensées qui le consument,
Ton amour est mon seul espoir. Mon cœur douloureux aspire
à recevoir Ton amour et Ton attention, O Mère.

Nin snēha māṇenikkēkā valambam
mattentum nirāśayil āzhttum enne
Nin cintayilāṇṭen jīvan veṭiyuvān

ammē ī makal koticciṭunnu
ammē ī makal koticciṭunnu

Ton Amour est mon seul soutien ;
tout le reste me plonge dans le désespoir.
O Mère, cet enfant ne désire qu'une chose :
quitter cette vie absorbé dans Ton souvenir.

PĀṬĪṬUM AMMĒ ĀṬĪṬUM

Pāṭīṭum ammē āṭīṭum nin
nāmam pāṭi ñān āṭīṭum
Kāḷi kāḷi mahakāḷi
kāḷi kāḷi bhairavī

O Mère, je vais danser en chantant Ton Nom.
Je vais chanter et danser ; O Kali, Kali, Mahakali,
Kali, Kali, Bhairavi (épouse de Shiva).

Kēṇu kēṇī kuññuvīṇu
karuṇa tūkū kāḷikē
Kaṇṇunīrāl kāl kazhukām
rakta puṣpaṅgaḷ ñān tarām
Karuṇa tūkū kāḷike...
Āmṛtamayī kāḷikē... Āmṛtamayī kāḷikē
Ānandamayī kāḷikē

A force de pleurer sans cesse, cet enfant s'est effondré.
O Mère Kali, montre-moi un peu de compassion !
Je laverai Tes pieds de mes larmes. Je T'offrirai des fleurs rouges
(les fleurs du sacrifice). Montre un peu de compassion,
Mère Kali ! O Kali, immortelle et pleine de béatitude.

Viṅgiṭūm hṛt spandanāttāl
puṇya nāmam mīṭṭiṭām
Eṅgupōy ni eṅgupōyī
en kināvām ambikē
En kināvām ambikē... Eṅgupōy ambikē...
Amṛtamayī kāḷike... Ānandamayī ambikē...

Les battements douloureux de mon cœur égrèneront Ton Nom sacré.
Je répèterai Ton nom sacré. Où es-Tu partie ? Où es-Tu partie, Mère de mes rêves ? O Kali, nectar de l'immortalité ! O Kali, Béatitude !

PĀṬUPEṬṬĒRE ÑĀN

Pāṭupeṭṭēre ñān pāmaran ākumen
mānasa kōvilil ninne vāzhttān
pāram taḷarnnu ñān vēdanayāl ammē
kātara cittanāy kēṇu vīṇṭum
tēṅgalāl uḷḷam piṭaññu vīṇṭum

L'ignorant que je suis a longtemps lutté pour Te vénérer
dans le sanctuaire de son cœur. Je suis épuisé,
O Mère, le cœur douloureux, je pleure.

Ayyō yenikkinī vayya vayyoṭṭumē
alpavum jīvitam veccupōttān
Entini ceyvū ñān ninne labhikkuvān
ōtuka kelpilla ninnuvāzhān

Ah ! J'ai assez souffert, je ne peux plus en supporter davantage.
Que faire pour obtenir Ta présence, O Mère ?
Dis-moi, je T'en prie, mes forces m'abandonnent.

Pārile bhāraṅgaḷ kaṇṭu maṭuttu ñān
pārvatī! pāpiyī kuññinōṭu
Nīyum veruttuvō eṅkilī putranu
vēreṅgum illini rakṣayambē

O Mère, je suis las des souffrances du monde.
O Parvati, si Toi aussi Tu te mets à haïr ce fils couvert de péchés,
alors il n'existe plus aucun refuge pour moi.

PĀŚĀṄKUŚA DHARA

Pāśāṅkuśa dhara pāpa vināśana
pāhi dayāmaya gaṇanāthā
Śrīkara jaya praṇavām bujanilaya
śrī śiva tanaya surasēvya

O Seigneur Ganesh, Tu tiens la corde (symbole des passions)
et l'aiguillon (symbole de la colère contre les forces du mal)
Toi qui détruis le péché, chef des Ganas (serviteurs de Shiva),
Toi qui es miséricordieux, protège-moi ! Gloire à Celui
qui demeure dans le lotus du son Om, à la Source
de ce qui est propice, au Fils de Shiva, à Celui que les dieux vénèrent.

Pītāmbara dhara bhītivi bhañjana
cāruka ḷēbara vidhivandya
Hē rambā sukha śānti vidhāyaka
nīraja lōcana śiva sadana

Vêtu de jaune, Tu détruis la peur,
O Toi à la forme magnifique,
le destin lui-même s'incline devant Toi.
Tu accordes la paix et le bonheur,
Tes yeux ont la forme des pétales de lotus,
Tu es la demeure de ce qui est propice.

Trāhi parātpara bhūri kṛpākara
mātam gānata hṛdayēśa
Rakṣa ganēśvara vighna vināśaka
sadgati dāyaka gaṇanātha (Pāśāṅkuśa...)

O Dieu suprême, Fontaine de miséricorde, Seigneur de mon cœur, sauve-moi !
Dieu au visage d'éléphant, protège-moi, Ganesha,
Toi qui détruis les obstacles, Toi qui nous montres la Voie.

PRANEŚVARA GIRIDHĀRI

Prāṇēśvarā... giridhāri... sarvēśvarā... vanamāli... O...

O Seigneur de ma vie (force vitale), Toi qui as soulevé la montagne Govardhana, Seigneur de l'univers, paré d'une guirlande de fleurs sauvages.

Ī rātriyil nīla nilāvuḷḷa ī rātriyil...
Kaṇṇir kaṇaṅgaḷ koruttu ñān
certtoru mālayumāyitā kāttirippū
Giridhāri... kāttirippū... vanamāli... kāttirippū

En cette nuit, éclairée des rayons de la lune argentée...
en cette nuit, de mes larmes j'ai confectionné une guirlande,
et j'attends Ta venue pour T'en parer.
Giridhari, je T'attends, Vanamali O...

Niśayuṭe niśśabda yāmaṅgaḷil
niśīthini pōlum uraṅgum vēḷayil
Ñān mātramennum kāttaṅgirippū
Nin pādasarattin cilamboli kēḷkkān
Giridhāri... kāttirippū vanamāli... O... kāttirippū

Au cœur silencieux de la nuit, la déesse souveraine de la nuit sommeille.

Suis-je seul à guetter de tout mon être le tintemement
de Tes bracelets de cheville ? Giridhari, je T'attends, Vanamali O...

PRAPAÑCATTIN OKKEYUM

Prapañcattin okkeyum ādhāram āyiṭum
prēma svarūpiṇi sarvēśvari [amṛteśvari]
praṇa mikkum makkaḷil prēmāmṛta kaṇam
pakarnnu nalkīṭuvān kaniyēṇamē!

O Mère universelle, Incarnation de l'Amour, Soutien de l'univers ! Daigne répandre sur nous le nectar de l'Amour. Nous nous prosternons devant Toi.

Bhaktiyum jñānavum vairāgyavum ekuvān
bhavatāriṇi kāḷikē nī kaniññīṭumō?
Nin divya darśanam ennonnu mātramā-
ṇinnente lakṣyavum jagadambikē!

O Bhavatarini, Kali, nous accorderas-Tu la dévotion,
la connaissance et le détachement ? O Mère du monde,
mon seul but est de recevoir aujourd'hui Ton darshan divin.

Nin kṛpā lēśattināy kaṇṇunīril muṅgumī
nin makanil ambikē nī kaniyēṇamē!
enteyī jīvitam ninniḷ samarppiccu
kṛta kṛtyanāy ammē ñān tīrniṭaṭṭe!

O Mère, sois miséricordieuse envers cette enfant
qui a tant pleuré pour obtenir un peu de Ta grâce.
Puissé-je trouver le contentement et le bonheur
en T'offrant ma vie toute entière.

RĀDHĀ MĀDHAVA GŌPĀLA

Rādhā mādhava gōpāla rāsa manōhara śīlā
Rāvum pakalum nin pada cintana mallātill oru vēlā

O Gopala, O Madhava, Bien-aimé de Radha,
dont la nature est Amour pur, jour et nuit je reste absorbé
dans la contemplation de Tes pieds de lotus.

Alayukayāṇī samsārē aśrayam ēkuka kamsarē
Akhilaṇḍ ēśvaran allē nī abhayam tēṭuka iniyāre

J'erre dans le samsara. Accorde-moi Ton refuge, O Vainqueur de Kamsa.
O Seigneur de l'univers, en qui d'autre pourrais-je chercher refuge ?

Karalil nivēdyam orukki ñān kātt irikkunnu murārē
Karuṇā sāgara nallē nī - en kadanam tīrkkuka śaurē

J'ai préparé pour Toi en mon cœur la douce offrande de l'amour,
et je T'attends, O Murare (celui qui a tué le démon Mura).
N'es-Tu pas l'Océan de compassion, O Krishna ?
Ne viendras-Tu pas mettre fin à mon chagrin ?

RĀDHAYE TŌZHARE

Rādhaye tōzhare cākān veṭiññiṭṭu
kaṇṇan mathuraykku pōyi pōlum
kāruṇya vāridhi yāṇupōl kāruṇyam
itraykku kāṭhinya mārnnatāṇō?
Kaṇṇā tāmara kaṇṇā (4x)

Quittant Radha et les gopis qui depuis se meurent (de chagrin), Krishna est parti pour Mathura. On dit qu'Il est l'Océan de compassion, mais sa compassion est-elle impitoyable ?

Ammiññappālil viṣam chērtta pūtana
kaṇṇene kālum kaṭhōra yennō?
Virahaviṣa jvāla tannil kariññiṭān
kaṇṇanī rādhaye talliyillē?
Kaṇṇā tāmara kaṇṇā (4x)

La démone Putana, qui avait empoisonné le lait de son sein, était-elle plus cruelle que Krishna ? O Krishna, Tu as déserté Radha, la laissant brûler dans les flammes empoisonnées de la séparation.

Kaṇṇane mātram ninacca tāṇō kuttam
vīṭum sukhaṅgalum viṭṭatāṇō?
Kaṇṇanu pūmāla kōrttatāṇō kuttam?
sarva samarppaṇam ceytatāṇō?
Kaṇṇā tāmara kaṇṇā (4x)

Est-ce mal de ne penser qu'à Krishna ? Ou bien de quitter son foyer et tous les plaisirs du monde ? Ou bien, est-ce une faute de faire des guirlandes pour Krishna, ou de s'abandonner entièrement à Lui ?

Vṛndāvana priyā kaṇṇā karaññiṭān
kaṇṇunīr vattiyō rēzha rādha
Īrēzhu lōkattil ninne yallātonnum
vēṇṭāte kāttirikkunna rādha
Kaṇṇā tāmara kaṇṇā (4x)

Sri Krishna, Bien-aimé de Vrindavan, cette pauvre Radha n'a plus de larmes, elle ne désire plus rien dans les quatorze mondes, sinon Son Seigneur ; O Krishna, Radha T'attend.

RĀDHE KṚṢṆA

Rādhe kṛṣṇa rādhe kṛṣṇa
kṛṣṇa kṛṣṇa rādhe rādhe (2x)
Gōpi kṛṣṇa gopāla kṛṣṇa
govardana dhāri gōvinda kṛṣṇa
Muraḷi kṛṣṇa mōhana kṛṣṇa
mañjuḷa hāsa mānasa cōrā...(sans reprise)
Mañjuḷa hāsa mānasa cōrā...(unisson)

Nirupama saure murāri malāri
pītāmbara dhāri kuñja vihāri
Nitya nirāmaya nirmala dēvā
nirguna saguna bhāva prakāśa... (sans reprise)
Nirguna saguna bhāva prakāśa... (unisson)

Nartana sundara nanda kumāra
navanita cōrā nīraja netrā
Nāda svarūpa vēda svarūpa
vṛndāvana candra vraja rāja nanda... (sans reprise)
Vṛndāvana candra vraja rāja nanda... (unisson)

govardhanadhāri	Celui qui a soulevé la montagne Govardhana
mohana /mañjula hasa	Beau /Celui qui a un doux sourire
manasa cora	Celui qui dérobe les cœurs
nirupama saure	À la puissance incomparable
pithambara dhāri	Vêtu de soie jaune
kuñja vihāri	Qui joue dans la forêt Kunja
nitya nirāmaya nirmala	Dont la pureté est éternelle et sans tache
nirguna / saguna	sans attributs / avec attributs
bhava prakāśa	Lumière du jeu divin de l'existence humaine

nartana sundara	Magnifique danseur
nanda kumāra	Fils de Nanda
nīraja netra	Aux yeux en forme de pétales de lotus
nada svarūpa	Incarnation du son
veda svarupa	Incarnation des Védas
vṛndāvana candra	La lune qui illumine Vrindavan
vraja raja nanda	Fils du roi de Vraja

RĀDHĒ RĀDHĒ GŌVINDA

Rādhē rādhē gōvinda rādhē (2x)
Rādhē gōvinda
Muraḷi mukunda madhava
navanita cōrā rādhē śyām
Devaki nandalala

Bien-aimé Krishna, Seigneur des vaches... joueur de flûte,
Toi qui accordes la Libération, Epoux de Lakshmi...
petit voleur de beurre...Fils de Dévaki.

Gokula nandana gōpāla
gopī manōhara gōvinda
Rādhē gōvinda

Fils du village de Gokul...
Toi qui captives le cœur des gopis...

Natanamanohara rādhē śyām
giridharabālā gōvinda
Devaki nandalala

Ta danse est enchanteresse, Toi, l'enfant qui a tenu sur sa main
la montagne Giridhari...Fils de Dévaki.

RĀDHE ŚYĀM

Rādhe śyām rādhe śyām (3x)
Vṛndāvana candra kṛṣṇa kanhaiya tu hi
āśraya rādhe gōvinda
Anātha nātha dīna bandhō rādhe gōvinda (2x)

O Radhe Shyam, Clair de lune de Vrindavan, Krishna, Tu es mon seul refuge, Protecteur des vaches, Seigneur des humbles, Tu es l'ami et le parent des malheureux.

Mīra ke prabhu giridhara nāgara
dēdo bhakti ham kō mādhav
Nanda kumāra navanīta cōrā rādhe gōvinda (2x)

Seigneur de Mira, Tu as soulevé la montagne Govardhana.
Je T'en prie, accorde-moi la dévotion éternelle pour Toi, O Madhava (Seigneur de Lakshmi),
O petit voleur de beurre, enfant chéri de Nanda, Radhe Govinda.

Bansi dhara hē śyāma gopāla
rādha vallabha rādhe gōvinda
Śyām śyām bōlō bōlō rādhe rādhe bōlō (2x)

Tu portes (une guirlande de) tulasi sacré, bel enfant au teint sombre,
O Gopala, époux de Radha...chantons Shyam, Shyam, Radhe, Radhe !

RĀDHE ŚYĀM RĀDHE ŚYĀM

Rādhē śyām rādhē śyām rādhē rādhē śyām rādhē śyām
Bōlō śyām gāvō śyām
Tērā nāma priya harinām
śyām rādhē śyām (Rādhē śyām...)

Naṭavara śyām vrajaghana śyām rādhe śyām
Nācō śyām mama hṛdi śyām
śyāma rādhe śyām (Rādhē śyām...)

Chantons Radhe Shyam ! Ton Nom n'est autre que le nom de Hari que nous chérissons. Ta forme humaine est suprême, Seigneur du Vraj.

O Radhe Shyam, danse, danse O Krishna, danse dans mon cœur !

Hē gōvind gōpari pālak bālasakhā bālarāma śyām
govardhana giridhāri kāliya mardana vaibhava rādhe...
rādhe śyām

O Govinda, O Protecteur des vaches, ami des pâtres du Vraj et de Balarama, Toi qui as soulevé la montagne Govardhana. Tu as dansé sur la tête du serpent Kaliya (qui vivait dans la rivière Yamuna et terrorisait les habitants du Vraj), Radhe Shyam !

Gopī śyām yamuna śyām
Giridhara śyām rādhe śyām
Jai jai śyāma prēma śyām
Rasa vihāri śyām...rādhe śyām

Toi le Krishna des gopis, le Krishna de la Yamuna, de la montagne Giridhari, le Krishna de Radha, gloire, gloire à Toi ! O Toi au teint couleur de nuages, Incarnation de l'amour, la danse rasa fait Tes délices !

RĀDHIKĒŚA YADUNĀTHA

Rādhikēśa yadunātha ramēśā
nīla dēha vasudēva tanūjā
Gōkulēśa guruvāyu urēśā
rāsakēḷī para gōpa kumārā

O Seigneur de Radhika, chef du clan des Yadavas, Fils de Vasu-déva,
Krishna au corps bleuté et charmant, O Seigneur de Gokul,
Seigneur de Guruvayur, Tu te délectes de la danse rasa.

Dīnanātha paripūrṇa kṛpālō
vēṇuvāda raṇadhīra dayālō
Rāgalōlā śaraṇāgata bandhō
dvārakā dhipa dayāmṛta sindhō

O Protecteur des faibles et des impuissants, Toi dont la compassion est sans borne, Seigneur de Dwaraka, Tu excelles à jouer de la flûte, Ami de ceux qui prennent refuge en Toi, Océan de bonté...

Nandagōpa suta vandita pādā
candra bimba mukha cañcala nētrā
Mādhava madana mōhana rūpā
kēśavā madhura bhāva samētā

O Fils de Nanda, O Késhava, O Madhava à la forme enchanteresse,
Tu es toujours en madhura bhava (plein de douceur) Ton visage a le charme du croissant de lune et Tes yeux nous fascinent...

Mandahāsa yuta maṅgaḷa mūrttē
pītavāsa paripāvana kīrttē
Dēvakī suta mukunda murārē
bālakṛṣṇa bala sōdara śaurē

O Mukunda, Fils de Dévaki, Toi qui as tué le démon Mura,
O Balakrishna, au doux sourire, vêtu de jaune, loué pour Ta pureté,
la seule vision de Ta forme est propice...

RĀMA RĀMA JAYA RĀMA

Rāma rāma jaya rāma (2x)
Kausalyā sukha vardhana rāma
Srimat daśaratha nandana rāma
Jānaki jīvana śrī raghu rāma
Maruti sevita tāraka rama

Kausalya sukha vardhana	Celui qui augmente le bonheur de Kausalya (sa mère).
srimat Dasaratha nandana	fils de l'illustre Dasaratha
jānaki jivana sri raghu	Vie de Sita, membre de la dynastie des Raghu
maruti sevita tāraka	Celui dont Hanuman est le serviteur et dont le nom nous permet de traverser les souffrances de la vie.

RĀMACANDRA MAHĀ PRABHŌ

Rāmacandra mahā prabhō
Raghuvīra dhīra jagatgurō

O divin Seigneur Ramachandra ! O Raghuvira, valeureux guru du monde !

Jānaki sukhadāna tatpara
mananīya manōhara
Trāhimām sukha sāgara
tava pāda paṅkajam āśrayē

Ton désir est d'accorder le bonheur à Janaki, O Toi que nous adorons, Tu captives les cœurs, accorde-moi Ton refuge, Toi, l'Océan de béatitude. Je prends refuge à Tes pieds de lotus.

Mātṛkā puruṣōttamā
tanubhāva nāśana śrīkara
Sāma gāna sukīrttitā
sarasī ruhāyuta lōcana

Tu es le modèle idéal, suprême parmi les hommes ;
Tu anéantis la conscience du corps,
Toi qui accordes ce qui est favorable...
O Toi, dont les yeux ont la forme des pétales du lotus !

Rāghava khaga vāhana
sukha dāyaka ghana śyāmala
Pāhimām praṇatārtti bañjana
dēhi mē karuṇāmṛtam

O Raghava, Ta monture est l'aigle (Garuda), Toi au corps bleu sombre,
Tu accordes le bonheur, Tu balayes la souffrance de Tes dévots,
bénis-moi en m'accordant le nectar de la compassion.

RĀMAKṚṢṆA HARĒ

Rāmakṛṣṇa harē mukunda murāre
pānduranga harē pānduranga harē

Gloire à Rama et à Krishna, Mukunda qui accorde la Libération,
Murare, qui a tué le démon Mura !
Gloire à Panduranga qui a le teint blanc.

Dēva dēva dēva brahmā dēva dēva
Dēva dēva dēva mahāviṣṇu dēva dēva
Dēva dēva dēva mahādēva dēva dēva

O Brahma Déva, (le Créateur)… O Vishnu Déva,
(Celui qui préserve la création)… O Shiva Déva, (le Destructeur)…

Pānduranga harē jai jai pānduranga harē
Rāmakṛṣṇa harē jai jai pānduranga harē
Pānduranga harē jai jai pānduranga harē
Pānduranga harē pānduranga harē
Rāmakṛṣṇa harē pānduranga harē

RĀVĒRE NĪṆṬUPŌY

Rāvēre nīṇṭupōy rāvuraṅgī lōkam
rākkuyilin gītam ninnupōy
sūnyatayil ente īran mizhiyiṇa
tēṭunnu vembalōṭ ammē ninne
tēdunnu vembalōṭ ammē
Rāvēre nīṇṭupōy

La nuit s'est enfuie, le monde dort d'un sommeil profond,
et même le rossignol s'est tu. Mère, dans la solitude,
mes yeux en pleurs Te cherchent, ils Te cherchent intensément.

Ākāśa tāraṅgaḷ ārdrarāy āmaya -
magnanām enne yīkṣiccu nilppū
Enchitta śōka tarangaṅgaḷil kuḷi -
cēṅgal otukki prakṛti nilppū ammē
cēṅgal otukki prakṛti nilpū

Les étoiles au ciel fondent de sympathie en voyant mon chagrin.
Je ne peux plus vivre un instant sans Te voir, O ma Mère, pas un instant.
Et la nature, baignée par les vagues de ma douleur, retient son cri.
O Mère, la nature retient son cri.

Ēllām ariyunna amme nin ōrmmayil
etranāḷ kēṇu karaññu
Āvill enikkini ninneyum kāṇāte
vāzhāna rakṣṇam ammē
Rāvēre nīnṭupōy (4x)

O Mère omnisciente, combien de jours ai-je passés à pleurer en me remémorant les doux moments vécus auprès de Toi ? O Mère , je ne peux plus vivre un seul instant sans Te voir, plus un seul instant...

SĀDARAM BHAJICCIṬUNNU

Sādaram bhajicciṭunnu
ninne ñān dayānidhē
pōruvān amāntam ente
tāpahāri śrīpatē

Avec un profond respect, je Te vénère, O Trésor de compassion. Pourquoi tardes-Tu à venir auprès de moi ? O Seigneur de Lakshmi, Toi qui dissipes le chagrin !

Prēmamāri peytiraṅgi
śōka tāpam āttuvān
nīyozhiññu pārilanya
bandhuvilla mē harē

Oh Hari ! Je n'ai personne d'autre que Toi en ce monde pour m'apporter la pluie rafraîchissante de l'amour, éteignant le feu du chagrin.

Sūnu ñān bhavābdhi tannil
māzhkiṭ unnu mādhava
dēha bōdha rōgapīḍha
māttiṭum varam tarū

O Madhava, moi, Ton fils, plongé dans l'océan du samsara (l'existence en ce monde) je pleure. Daigne m'accorder une faveur : délivre-moi des maux liés à la conscience du corps.

Marttyanāy janiccen ikku
mṛtyuvuṇṭu niścayam
śuddha bhakti nalki mṛtyu
bādha pōkku māpatē

Je suis né en tant qu'être humain, la mort est donc mon destin. O Seigneur de Lakshmi, sauve-moi des griffes de la mort en m'accordant la dévotion pure.

SADGURUVĀY VANTUTITTA KĀLI

Sadguruvāy vantutitta kāli tāyē
amṛtānandamayī dēvī nīyē
Eṅkalukku vaḷamellām taruvāy ammā
ennāḷum kāttiṭavē varuvāy ammā
ammā....ammā....ammā....ammā

O Mère Kali, Tu as pris la forme du satguru, d'Amritanandamayi Dévi.
Daigne nous accorder la prospérité sous toutes ses formes, viens, protège-nous toujours.

Kārttikai nannāḷil vantutittāḷ
nammē - kaṇṇin imaipōle kākkavantāḷ
Kaḷḷa tanaṅkal pōkkavantāḷ - nam
karuttinil kuṭikoṇḍu vāzhavantāḷ

Amma, Tu es née sous l'étoile de Kartika, Tu es venue nous protéger comme la paupière protège l'œil. Tu es venue dissiper nos tendances négatives et régner dans les cœurs.

Mēniyin niramō kārmēkkam - ammā
uḷḷamō tumpai pūv pōle
Nānilam vaṇaṅkum tāyavalām
nanmaikaḷ tantiṭum nāyakiyām

Ton corps a la couleur des nuages de pluie mais Ton cœur est immaculé
comme la blanche fleur de tumba. Tu es la Mère que les quatre mondes vénèrent, l'Impératrice qui accorde toutes les vertus.

Eṅkeṅku pārttālum unṭran kōlam
ennālum ulakinile tazhaikkum śīlam
Poṅkivarum aruḷnadiyē untan kākṣi
bhūmiyil nī tarum nidhiyē eṅkal māṭśi

Partout où je regarde, je vois Ta forme divine, éternelle.
Cette vision est une rivière de grâce qui emporte tout.
Le trésor que Tu nous donnes, c'est la prospérité et le bonheur éternel.

SAKALĀGAMA SAMSTUTĒ

Sakalāgama samstutē
mati mōhana vigrahē
muni mānasa śōbhanē
lalitē jagadāśrayē

O Mère, Toi que les Védas glorifient, la vision de Ta forme nous enchante,
Tu brilles dans l'esprit des sages, O Lalita, Soutien du monde.

Suravandya padāmbujē
sanakādi susēvitē
Mahitē mama tāpahē
lalitē jagadāśrayē

O Toi dont les pieds de lotus sacrés sont vénérés par les dieux, Toi que servent les sages à commencer par Sanaka, grande Déesse qui détruit l'attachement, O Lalita, soutien du monde !

Duritā maya bhañjakē
praṇavām budhi samsthitē
Sukhadē suranāyikē
lalitē jagadāśrayē

O Mère qui détruit toutes les souffrances et les afflictions, Tu sièges dans l'océan du Omkara, Tu accordes le bonheur, Tu es le guide des dieux, O Lalita, Soutien du monde.

SANĀTANĪ SANGĪTA

Sanātanī sangīta rasikē
sarasvatī samastēśvarī...ambe...

O Toi l'Eternelle, Toi qui savoures la musique, Sarasvati, Déesse universelle...Mère !

Parāparē pavitrē patita rakṣakī
Purātanī puṇyavara pradāyinī

Tu es suprême, Tu es pure, Toi qui sauves ceux qui ont chuté, Toi l'Ancienne, Tu accordes des faveurs et des mérites.

Varadā bhaya pustaka rudākṣa dhāriṇī
vara varṇṇinī varadē vāgdēvatē
Muni mānasa vāsinī mumukṣuviyē dēvī
madanāśini mahēśī mangaḷa vradāyinī

Tu accordes des grâces, Tu nous protèges, Tu tiens les livres (les Védas) et le rosaire (mala) de rudrakshas, Toi à la beauté sans pareille, Déesse de la parole, Tu demeures dans le cœur des sages, Tu chéris ceux qui cherchent la Vérité, Déesse qui détruit l'orgueil et accorde ce qui est propice.

Kamanīya rūpiṇī karuṇā mayīyammē
kamalē! kaṭākṣikkān kaitozhunnēn
Gagana gāminī! nigamārthadē! dēvī
girijē! guṇātītē! gatiyēkaṇam

Toi dont la forme est si belle, Incarnation de la compassion, O Mère ! Toi qui as la beauté du lotus, accorde-moi, je T'en prie les mains jointes, un regard miséricordieux.
Toi qui parcours le monde, Tu accordes la connaissance des Védas, Fille de la Montagne, au-delà de tous les attributs ;
O Dévi, montre-moi le chemin !

SANTĀPA ŚĀNTIKKĀY

Santāpa śāntikkāy santatam tēṭunnū
ninpāda tirttham ñānammē...
Nin kanivillāykil enteyī jīvitam
ennum anāthamāṇ ammē...

Pour mettre fin à ma souffrance, je cherche sans cesse l'eau sacrée qui a lavé Tes pieds de lotus. Sans Ta grâce, je resterai à jamais orphelin.

Anpiyann ammayen antaranga-ttinte
andhata māttān tuṇaykū!
Enmana paṅkaja pūvil innamma tan
puṇya trippādam teḷikkū!

O Mère compatissante, aide-moi à dissiper les ténèbres intérieures : daigne m'accorder la vision lumineuse de Tes pieds sacrés.

Ninprēma tīrthamām svarg-gangayil muṅgi
mālinya mokke akannen – manam
Santāpa mattātma sangītavum pāṭi
unmatta bhakti pūṇṭāṭaṭṭe ñān

En se baignant dans le Gange sacré de Ton Amour, mon cœur deviendra pur ;
il sera délivré de la souffrance et de la douleur. Lorsque j'entonne le chant qui monte de l'âme, plonge-moi en extase, rends-moi fou de dévotion (bhakti).

SAPTA SVARA RŪPIṆI

Sapta svara rūpiṇi mṛtyuñjaya mōhini
bhaktā bhaya dāyini raktām śuka dhāriṇi

O Mère, Tu incarnes les sept notes de musiques,
Toi qui captives Shiva et protèges les dévots. Tu es vêtue de rouge...

Hṛddēśa nivāsini mattāpa vināśini
Sacchinmaya rūpiṇi naktam diva sākṣiṇi

O Mère ! Tu demeures dans le cœur et détruis ma douleur,
Tu es l'Incarnation de la connaissance et de la vérité,
le Témoin du passage des jours et des nuits...

Hṛnnarttana kēkini śrutyāgamā vādini
Pṛthvī paripālini mādhvī śiva kāmini

O Mère, Toi le paon qui danse dans notre cœur,
les Védas et les agamas (Ecritures) Te glorifient, Tu soutiens la Terre.

ŚARAṆAM KĀḶI ŚARAṆAM

Śaraṇam kāḷi śaraṇam
śaraṇam satatam jagadamba śaraṇam
śaraṇam bhairavi bhadrē śaraṇam
śaraṇam satatam śiva śaṅkari śaraṇam

Sois mon refuge, O Kali, Mère de l'univers.
Je T'implore sans cesse d'être mon refuge,
O Bhairavi, Bhadre, Shivasakti.

Pārvati śaraṇam pāvani śaraṇam
pāpa vināśini mē śaraṇam
Samasta viśva vidhāyākī śaraṇam
praśasta dakṣaki mē śaraṇam

O Parvati, Toi qui es pure et effaces le péché, Tu es mon refuge. Toi qui gouvernes l'univers entier, louée pour Ton habileté, Tu es mon refuge.

Bhakta janāvana dakshē śaraṇam
duḥkha vibhañjini mē śaraṇam
Hṛdaya vihāriṇi karuṇa paurṇṇami
śaraṇam caraṇam mama jananī

O ma Mère, Toi qui excelles à protéger les dévots et effaces le chagrin,
accorde-moi Ton refuge. Mère, Tu joues dans mon cœur,
pleine lune de la compassion, Tes pieds sacrés sont mon refuge !

ŚARĪRAM SURŪPAM (SANSCRIT)

Śarīram surūpam yathā vā kalatram
yaśaścāru citram dhanam meru tulyam
gurōramghri padmē manaścēnna lagnam
tataḥ kim? tataḥ kim? tataḥ kim? tataḥ kim?

Qu'un homme soit beau, doté d'une noble épouse, d'une réputation excellente, que sa santé soit solide comme le Mont Méru, si sa pensée n'est pas fixée sur les pieds de lotus du guru, à quoi bon tout cela ?

Kalatram dhanam putra pautrādi sarvam
gṛham bāndavāḥ sarvamē taddhi jātam
Gurōramghri padmē manaścēnna lagnam
tataḥ kim? tataḥ kim? tataḥ kim? tataḥ kim?

Que l'on possède une épouse, la richesse, des fils et des petits-fils, une bonne maison et toute une famille, si la pensée n'est pas absorbée
dans la contemplation des pieds du guru, à quoi bon tout cela ?

Ṣaḍamgādi vēdō mukhē śāstra vidyā
kavitvādi gadyam supadyam karōti
Gurōramghri padmē manaścēnna lagnam
tataḥ kim? tataḥ kim? tataḥ kim? tataḥ kim?

Que l'on soit versé dans les quatre Védas et dans les Ecritures, que l'on soit doué pour écrire poésie et prose, si la pensée n'est pas absorbée dans la contemplation des pieds du guru, à quoi bon tout cela ?

Vidēśēṣu mānyaḥ svadēśēṣu dhanyaḥ
sadācāra vṛttēṣu matto na cānyaḥ
Gurōramghri padmē manaścēnna lagnam
tataḥ kim? tataḥ kim? tataḥ kim? tataḥ kim?

Que l'on soit respecté jusque dans les pays étrangers,
considéré comme béni dans son propre pays, que notre caractère
et notre comportement soient d'une pureté sans pareille,
si la pensée n'est pas absorbée dans la contemplation
des pieds du guru, à quoi bon tout cela ?

Kṣamā maṇḍalē bhūpa bhūpāla vṛndaiḥ
sadā sēvitam yasyaḥ pādāra vindam
Gurōramghri padmē manaścēnna lagnam
tataḥ kim? tataḥ kim? tataḥ kim? tataḥ kim?

Que nos pieds de lotus soient vénérés par les empereurs du monde, si la pensée n'est pas absorbée dans la contemplation des pieds du guru, à quoi bon tout cela ?

Yaśō mē gatam dikṣu dāna pratāpāt-
jagadvastu sarvam karē yat prasādāt
Gurōramghri padmē manaścēnna lagnam
tataḥ kim? tataḥ kim? tataḥ kim? tataḥ kim?

J'aurais beau obtenir la gloire et posséder le monde entier,
si ma pensée n'est pas absorbée dans la contemplation des pieds du guru,
à quoi bon tout cela ?

Na bhōgō na yōgō na vā vājirājō
na kāntāmukhē naiva vittēṣu cittam
Gurōramghri padmē manaścēnna lagnam
tataḥ kim? tataḥ kim? tataḥ kim? tataḥ kim?

On a beau être détaché de tout, yogas (voies spirituelles),
richesses (comme les chevaux), et même du beau visage de l'aimée,
si la pensée n'est pas absorbée dans la contemplation des pieds du guru,
à quoi bon tout cela ?

Araṇyē na vā svasya gēhē na kāryē
na dēhē manō varttatē mē tvanarghyē
Gurōramghri padmē manaścēnna lagnam
tataḥ kim? tataḥ kim? tataḥ kim? tataḥ kim?

Même si je ne recherche ni la paix de la forêt, ni mon foyer, même si aucune activité particulière ne l'agite, aucun souci de mon propre corps, s'il n'est pas absorbé dans la contemplation des pieds du guru, à quoi bon tout cela ?

Anarghyāṇi ratnāni muktāni samyak
samālimgitā kāmini yaminīṣu
Gurōramghri padmē manaścēnna lagnam
tataḥ kim? tataḥ kim? tataḥ kim? tataḥ kim?

J'aurais beau posséder des pierres précieuses, des perles, une fiancée adorable et magnifiquement parée pour le mariage, si ma pensée n'est pas absorbée dans la contemplation des pieds du guru, à quoi bon tout cela ?

SARVA CARĀCARA JANANĪM

Sarva carācara jananīm kāḷīm
ādyā śaktīm jagadā dhārām
cāyārūpa vilōlāmambām
amṛtānanda mayīm praṇamāmi

Nous nous prosternons devant Amritamayi, Incarnation de la béatitude éternelle, Mère de tous les êtres, animés et inanimés, Puissance primordiale,
Soutien de tous les mondes ; Tu es la déesse Kali, Celle qui joue le rôle de l'objet et de son ombre, de la vérité et de l'illusion.

Nīlāmbuda sama mangaḷa varṇṇām
śētvām baradhara pāvana rūpām
sṛṣṭi sthitilaya nilayām durgām
amṛtānanda mayīm praṇamāmi

Nous nous prosternons devant Amritanandamayi,
Incarnation de la Béatitude éternelle, dont le teint a la couleur propice des sombres nuages bleus, Sainte vêtue de blanc,
Tu es la Déesse Durga, responsable de la création,
de la préservation et de la destruction de l'univers.

Bhakta janārtti harām śiva rūpām
duṣṭaja nārttikarī matighōrām
śūla kṛpā ṇadharām mama bhadrām
amṛtānanda mayīm praṇamāmi

Nous nous prosternons devant Amritanandamayi, Incarnation de la Béatitude éternelle, qui dissipe les souffrances des dévots et dont la forme est propice. Terrifiante, Tu tiens un trident et une épée, Toi qui es propice.

Sāgara kūlē lasitām śyāmām
māyā sāgara tāraṇa tariṇīm
akṣā bharaṇa vibhūṣita gātrīm
amṛtānanda mayīm praṇamāmi

Nous nous prosternons devant Amritanandamayi,
Incarnation de la béatitude éternelle.
Elle a le teint sombre, Elle aime le rivage de la mer ;
Elle nous permet de franchir l'océan de l'illusion,
Elle est parée de joyaux divins.

Snēhā lōka sumōhana vadanām
karuṇārdrānata nayanām ramyām
śrita janapālana vyagrām saumyām
amṛtānanda mayīm praṇamāmi

Nous nous prosternons devant Amritanandamayi,
Incarnation de la Béatitude éternelle,
Son regard est plein d'amour, Son visage est charmant,
Ses yeux magnifiques débordent de compassion,
Elle s'empresse de protéger ceux qui prennent refuge en Elle.

Bhakti jñāna virāgada varadām
sādhaka citta viśuddhi dahāsām
nityānitya vivēkō lasitām
amṛtānanda mayīm praṇamāmi

Nous nous prosternons devant Amritanandamayi,
Incarnation de la Béatitude éternelle, qui accorde la dévotion, la connaissance et le détachement, qui purifie le cœur des chercheurs spirituels,
Celle qui se réjouit quand nous discernons entre le réel et l'éphémère.

Sanyāsāśrama dharma vidhātrīm
brahmajñāna sudhārasa dhātrīm
bhasmālēpana śōbhana phālām
amṛtānanda mayīm praṇamāmi

Nous nous prosternons devant Amritanandamayi, qui donne l'initiation au sannyas (état monastique), qui accorde le nectar de la connaissance absolue, dont le front brillant est orné de cendres sacrées.

Bandha vimōcana śilām lalitām
bandhura māyā rasikāmambām
saṭ gururūpa dharām sarvajṇām
amṛtānanda mayīm praṇamāmi

Nous nous prosternons devant Amritanandamayi, la déesse Lalitambika,
qui a pour habitude de nous délivrer des liens (du samsara), qui tisse les liens et accorde la Libération par le pouvoir de sa maya ;
Ton jeu divin est la création, Tu as pris la forme du satguru, Tu es omnisciente.

SARVA MANGAḶĒ

Sarva mangaḷē sadguru mātā
amṛtānandamayī mama janani
Sarva śobhanē śobhana rūpiṇi
garva vināśini namō namaḥ

O Mère, Incarnation de ce qui est propice, Tu brilles avec éclat, resplendissante, Tu détruis l'orgueil, O satguru Mata Amritanandamayi, nous Te saluons !

Bhava bhaya mōcini trāhi mahēśvari
nikhila nirāmaya nirañjini
Mangaḷa rūpiṇi manalaya kāriṇi
mangaḷa dāyini namō namaḥ

O Maheshvari (grande Déesse), Toi qui nous libères du samsara (cycle des naissances et des morts), Toi qui accordes tous les bonheurs et dont la forme est propice, Toi la cause de la dissolution du mental,
Toi qui accordes ce qui est favorable, O je T'en prie, sauve-moi ! Je me prosterne devant Toi !

Prēma payasvini karuṇā vāhini
māyā vibhañjini namō namaḥ
Sakala suhṛd tava padambujam mē
śaraṇam śaṅkari namō namaḥ

O Mère, Tu nourris Tes enfants du lait de l'Amour, rivière de compassion,
Toi qui détruis l'illusion, nous Te saluons ! O Shankari, Tes pieds de lotus sont le refuge de tous les êtres, nous Te saluons !

Janamana hāriṇi hamsa vihāriṇi
janimṛti nāśini namō namaḥ
Brahmapadam tava parama padam mē
śaraṇam śambhavi namō namaḥ

O Mère, Tu captives le cœur des humains, Ta monture est un cygne, Tu mets fin au cycle des naissances et des morts ;
je me prosterne devant Toi,
O Shankari, Tes pieds de lotus sont mon seul refuge, les atteindre, c'est atteindre Brahman, l'Ultime, l'Absolu.

SIṄKĀRA KĀVAṬIYIL

Siṅkāra kāvaṭiyil cintai makizhum vēlā
cikkal kaḷai nīkki entan cittamellām nirainti ṭuvāy
Unaiyanti vēru tuṇai ulakattil yārumilai
Umai yavaḷin maintanē uruti yuṭan śollukirēn

O Seigneur Muruga, Toi qui aimes la belle danse kavadi, ôte les obstacles (sur mon chemin spirituel) et remplis mon cœur de Ton amour divin. Je n'ai pas d'autre refuge que Toi en ce monde, O fils d'Uma ! Telle est ma conviction inébranlable.

Bhakti yuṭan pāṭiṭum en pāṭaltanai kēkkaleyō
paritavikka vaikkāmal pakkam vantāl ākātō
Kantā enakka tarum ennai kāppāṭra vantiṭuvāyi
kāla minnum vantillayō karuṇaimiku vaṭivēlā

N'entends-Tu pas mon chant plein de dévotion ? Ne viendras-Tu pas enfin près de moi, mettant fin à la souffrance de la séparation ? Je T'appelle « Kanda, Kanda », n'est-ce pas le moment de venir me protéger, O Vadivela (celui qui porte une lance) miséricordieux ?

Mayilmītu bavani varum azhaku tanai kaṇṭuviṭṭāl
mayaṅkātam anamuṇṭō mutta mizhvaṭi vēlavā
Pāṭukaḷai tīrttiṭuvāy pārvatiyāḷ bālakanē
śīrmēvum śēvaṭiyil śēntukolvay śarava ṇanē

Quel cœur ne serait pas enchanté de Te voir, monté sur le paon ? O Seigneur du langage tamul (vers, prose et théâtre), fils de Parvati, mets fin à mes difficultés et permets que je me fonde dans Tes pieds de lotus !

Kanda nukku vēl vēl kaṭamba nukku vēl vēl
Muruka nukku vēl vēl kumara nukku vēl vēl

Gloire à Kanda ! Victoire à Kanda ! Victoire à Kanda !

SIRMĒ MAYŪR MUKUṬA DHARĒ

Sirmē mayūr mukuta dharē
karmēm mōhan muraliliyē
vanmēm yamunā taṭ mēm śyām
rāga manōhar jōḍa rahē

Il porte sur la tête une plume de paon, il tient une jolie flûte,
Il vit dans la forêt près de la rivière Yamuna et joue des airs mélodieux.

Sun muralīrav gōkul mēm
vraj lalanāyēm vyākul hō
Saja dhaj cal nikalīm jaldi
sabamil rās racānē kō

Les habitants du Vraj sont irrésistiblement attirés par le doux son de la flûte et bien vite, ils s'assemblent pour danser la danse rasa.

Nabhamem cāndini udit huyī
bhūpar candan gandh bhari
Nandan kāḷindi taṭ mēm
sundar rās racānē kō

La lune se lève et le doux parfum des arbres de santal se répand partout.
Sur les berges de la rivière Kalindi, Krishna danse en extase la danse rasa.

Sur muni sab vṛndāvan kē
madhumaya nāc nihār rahē
Sab jag cañcalatā taj kē
sahaj samādhi mēm līn huyē

Cette danse joyeuse à Vrindavan plonge les dieux et les sages en extase. Oubliant les autres activités du monde, ils entrent dans un état naturel de samadhi

SITA RĀM RĀDHE ŚYAM

Sita rām sita rām sita rām rāma rām
Rādhe śyām rādhe śyām rādhe śyām śyām śyām
Jai raghu nandana sita rām
Jai yadu nandana rādhe śyām

Louanges à Sita Ram, né dans la dynastie des Raghus,
louanges à Radhe Shyam, né dans le clan des Yadus.

Daśaratha nandana raja rām
Vasudeva nandana rādhe śyām

Fils de Dasharata, roi Rama, Fils de Vasudéva, Radhe Shyam

Sita rām rādhe śyām
Sita rām rādhe śyām
Śrī rāma jai rāma jai jai rāma

Louanges à Sita Ram, louanges à Sri Rama.

ŚIVA NANDANĀ SUNDARA

Śiva nandanā sundara vadanā
kēka vāhana mōhana caritā
Raṇa mārdita tāraka danujā
sura nāyaka vīra kumārā

Gaṇanātha sahōdara sumukhā
girijā sukha varddhana murukā
Guru rūpa guṇākara kumarā
guha kumkuma varṇṇa varēṇyā

Muni mānasa rājita ramaṇā
chaturānana pūjita mahitā
Jita dānava sainya surēśā
viditākhila vēda vihārā

Amarā dhipa dhīr udārā
vara dāyaka valli manālā
Vēlāyudha vēda svarūpā
dīnāvana dēva dayālā

Sura vandita pāda sarōjā
duritā maya mōhana hṛdayā
Karuṇā maya kāmita varadā
pari pāvana nātha namastē

śiva nandana	O fils de Siva (Seigneur Subrahmania)
sundara vadana	au beau visage
keka vāhana	dont la monture est un paon
mohana caritā	dont l'histoire nous enchante
rana mardrita tāraka danujā	Celui qui a triomphé au combat du démon Taraka
suranāyaka	Chef de l'armée des dieux
vīra	héros
kumarā	un des noms de Subrahmania
gananātha sahodara	Frère de Ganesh
sumukha	beau
girija sukha varddhana	Celui qui augmente la joie de sa mère Parvati
guru rūpa	Celui qui prend la forme du guru
guṇākara	Océan de vertus
guha	Un des noms de Subrahmania
kunkuma varṇṇa	De couleur safran

vareṇyā	excellent
muni mānasa rājita	Celui qui illumine l'esprit des sages
ramanā	Charmant
chaturānana pūjita / mahitā	Adoré par Brahma / Révéré
jita dānava sainya	Celui qui a vaincu les armées des démons
sureśā	Chef des dieux
viditākhila veda vihārā	La demeure de tous les védas connus
amarādhipa / dhīr udārā	Le chef des dieux / Brave et généreux
vara dāyaka	Celui qui accorde des faveurs
valli manālā	l'époux de Valli
velāyudha	Celui dont l'arme est une lance
veda svarūpa	L'incarnation des Védas
dīnāvana deva dayālā	Le dieu compatissant vénéré par les malheureux
suravandita pāda sarojā	Celui dont les pieds de lotus sont adorés par les dieux
duritāmaya mochana hṛdayā	Celui qui libère de tous les maux
karuṇāmaya	Compatissant
kāmita varadā	Qui accorde les faveurs dśsirśes
pari pāvana	Qui est sacré
nātha namaste	Salutations au Seigneur

ŚIVA ŚIVA ŚIVA ŚIVA SADĀ ŚIVA

Śiva śiva śiva śiva sadā śiva
hara hara hara hara mahā dēva
Ōm śiva śiva śiva śiva sadā śiva
Ōm hara hara hara hara mahā dēva
Ōm namō namō namaḥ śivāya (4x)

Brahmā viṣṇu surachittaya
ōm namō namō namah śivāya
Uma ganeśa saravana sevita
ōm namō namō namaḥ śivāya
Ōm namō namō namaḥ śivāya

O Dieu propice et éternel, le Destructeur, nous Te saluons ! Brahma et Vishnu Te vénèrent, Uma, Ganesh et Saravana (Muruga) sont Tes serviteurs.

ŚŌKAM ITENTINU SANDHYĒ

Śōkam itentinu sandhyē nīyum
ōrmmatan tīrattil alayukayō ?
Sindūra varṇṇattil kuḷiccu nilkkum nin
uḷḷilum śōkāgni eriyunnuṇṭō ?

O Crépuscule, pourquoi es-tu triste ? Erres-tu, toi aussi, sur les rives des souvenirs du passé ? O Crépuscule baigné de lumière rouge, le feu du chagrin brûle-t-il aussi en Toi ?

Uṇṭō ninakkum oramma yituppōl atō
kaṇṭō nīyumā snēha candrikayē
Kaṇṭāl nī collumō śōkattāl
miṇṭān vayyātto rente sandēśam

O Crépuscule, as-tu une Mère comme la mienne ? Ou bien as-tu vu ma Mère qui rayonne de pureté, belle et fraîche comme la pleine lune ?
O Crépuscule, si tu La vois, transmets-Lui le message de son fils malheureux, que la douleur de la séparation rend muet de chagrin.

Nalkumōyī puṣpa daḷaṅgaḷ sandhyē
collumō ennuṭe vandanaṅgaḷ
Pōyvarumbōḷ collām ennuṭe
pōya vasantattin nalkkathakaḷ

O Crépuscule, offriras-tu ces pétales à Ses pieds ?
Lui rediras-tu mes paroles ? Quand tu reviendras, je te raconterai les douces histoires de mon printemps passé.

ŚRĪ HARI VARUMĪ

Śrī hari varumī vazhiyarukil niṅgaḷ
verute kaḷiciriarutē
kanakāmbarā bhayil mizhi yaṇaykkū snigddha
madhuramāy ōmkāra śruti yuṇarttū

Le seigneur Hari approche, ne batifolez pas. Admirez la splendeur éblouissante de sa robe dorée. Avec amour et douceur, éveillez la mélodie du pranava (Aum).

Hṛdaya mandāraṅgaḷ iruttetukkān kṛṣṇan
varuminnī vṛndāvanattil
kaḷa vēṇu nisvanam kātōrkkuvin neñcam
nirayaṭṭe ghana śyāma varṇṇan

Le Seigneur Krishna viendra aujourd'hui dans ce Vrindavan, cueillir les fleurs mandara (fleurs du cœur). Ecoutez la douce mélodie de la flûte.
Puisse l'Enfant au teint sombre remplir votre cœur.

Utsāha ttaḷḷalin āndōḷa naṅgaḷāl
utsavāhḷādattil līnayāyi
ātma harṣattāl pulakitayāy rādha
tūvunnu tōrāte harṣabāṣpam

Les vagues de l'extase font tituber Radha,
profondément absorbée dans la joie de la célébration.
Elle verse des larmes de joie sans fin,
plongée dans une béatitude profonde.

Vana mālayum varṇṇa mayil pīliyum
mazhamukil kāntiyum kaṇṭu koti tīrumō?
vraja bhūmiyil snēha latayāy kaṇṇā
ninnil paṭarān enne mōham taḷircūṭunnu

Paré d'une guirlande de fleurs sauvages, d'une plume de paon,
le teint couleur des nuages de pluie, O Seigneur, serai-je jamais
rassasié de contempler Ta forme ? Un désir éclot dans mon cœur :
devenir une liane dans le pays de Vraj et m'enrouler autour de Toi.

ŚRĪ LALITĀMBIKĒ SARVAŚAKTĒ

Śrī lalitāmbikē sarvaśaktē
śrī lalitāmbikē sarvaśaktē
śrī lalitāmbikē sarvaśaktē
śrī pādam ñānitā kumbiṭunnēn

O Sri Lalitambika, Tu es Toute-Puissante,
Je me prosterne humblement à Tes pieds divins.

Vaśamilla dhyāna rūpaṅgaḷ onnum
niśayil uzhalvatu kāṇmatillē
ima ilavum piriyāte yen hṛt-
kamalattil vāzhanam ambikē nī

J'ignore comment méditer et sur quelle forme. Ne vois-Tu pas que je me débats dans les ténèbres ? Viens demeurer dans le lotus de mon cœur et ne me quitte plus jamais, pas un seul instant.

Taraṇam enikku guṇaṅgal sarvam
śaraṇam gamiccoru duḥkhitan ñān
teru terevīṇu vaṇaṅgīṭuvān
oru poṭi kāruṇyam ēkīṭēṇē

Accorde-moi toutes les vertus divines car le malheureux que je suis a pris refuge en Toi. Accorde-moi un peu de compassion, pour que je puisse me prosterner à Tes pieds encore et encore.

Tava kaṭa kaṇṇināl onnu nōkki
mama khēdamokke ozhikka dēvī
aviṭutte dāsane kakkukillē
alivezhān entini ceytīṭēṇam?

D'un regard, balaye mon chagrin. Prends soin de Ton serviteur. Que puis-je faire pour attendrir Ton cœur ?

Arut arut ammē tyajicciṭollē
śaraṇam aṭiyanu nalkiyālum
gamanattil amma nayicciṭēṇam
gati vēreyillā śaraṇam ammē

Non, ne me rejette pas, O Mère, accorde-moi refuge !
Guide chaque pas de mon voyage (spirituel).
Sans Toi, je n'ai aucun espoir (d'atteindre le but).

Akhila kāmaṅgalum nalkumammē
karuṇa yērīṭum mahēśī bhadre
mananam ceytīṭānāy śakti nalkū
manatāril nityavum nṛttamāṭu

O Mère, Tu exauces tous les désirs, O Maheshi (grande Déesse), Toi qui es propice, remplie de compassion, donne-moi la force de méditer sur Toi. Danse éternellement dans le lotus de mon cœur.

Akhilāṇḍa jyōtissē divya mūrttē
agati yācikkunnu bhakti pūrvam
akhilarum enne veṭiññālum nī
abhayam ēkīṭēṇē lōkamātē

O Lumière de l'univers, incarnation du Divin, cet enfant impuissant T'implore avec dévotion, O Mère, même si tous m'abandonnent, Tu dois m'accorder refuge !

Oru nūru janmam kazhiññat āvām
ittaruṇattil martyanāy tīrnnatākām
viralamāy tannī janmamaṅgē -
padamalar kumbilil nalkiṭaṭṭe

Je suis peut-être né cent fois avant d'obtenir cette vie humaine.
Cette chance rare que Tu m'as accordée, cette vie,
qu'elle soit consacrée à Tes pieds de lotus.

Pizhakal adhikamāy ceytirikkām
tanayaril ñān nindyan āyirikkām
jananī nīyellām kṣamiccivante
mana tāpamokke akattiṭēṇam

J'ai peut-être commis d'innombrables erreurs,
je suis peut-être le plus misérable de Tes enfants, mais Mère,
je T'en prie, pardonne toutes mes fautes
et dissipe le chagrin qui pèse sur mon cœur.

Jñānamō śāstramō yōgamō nī
ēkiyi ṭillennat ōrmma vēṇam
oru karmavum tiriyāttor enne
calana peṭuttunna tentināṇu

Rappelle-Toi, je T'en prie, que Tu ne m'as pas accordé la sagesse, la connaissance des Écritures ou du yoga. Pourquoi me bouleverser ainsi, moi qui suis dépourvu de tout talent ?

Oru kṛtya niṣṭha yeṭuttu dhyāna-
niratanāy mēvān tuniññi ṭumbōl
atu bata vannu muṭakkiṭunna-
tuchitamō nin kali paitalōṭo?

Je m'efforce de suivre une routine régulière et de m'absorber en méditation. Est-il juste d'y faire obstacle ? Ne suis-je pas Ton enfant ?

Mama mātāvum pitāvum guruvum
manavṛkṣa puṣpa phalavum amma
ninavukal okkeyum ninnilākān
kanivu nalkīṭuvān kaitozhunnēn

Tu es ma Mère, mon Père et mon Guru. Tu es la fleur et le fruit de l'arbre qu'est mon mental. Je Te salue les mains jointes, O Mère, répands sur moi Ta grâce afin que toutes mes pensées aillent vers Toi.

Akhilāṇḍa dīpamē ādiśakti
sakalādhi nāyikē viśva mātē
prēm āvatāramē mātṛrūpē
hṛdaya muruki ñān kēṇiṭunnēn

Lumière de l'univers, Puissance primordiale,
Impératrice et Mère de l'univers, Incarnation de l'Amour
et du sentiment maternel, je pleure, mon cœur fond de douleur.

Oruvarum illillī mūvulakil
tava guṇa kīrttanam tīrttu pāṭān
anavadya sundaram aprameyam
vāṅmanō buddhi kalkappuram nī

Nul dans les trois mondes n'a le pouvoir d'exprimer
Ta gloire infinie. Tu es la beauté parfaite, incommensurable,
au-delà des mots, du mental et de l'intellect.

Sāgaram nin gītam pāṭiṭunnū
ōmkāra mantram muzhakki ṭunnu
ōrō tirakalum nira nirayāy
praṇava dhvanikkottu tulliṭunnu

L'océan fredonne Ton chant ; il vibre du mantra « OM ».
Chaque vague, une à une, danse sur le son « OM ».

Kulirtennal nin nāmam mūliṭunnu
kuyil nādam nin nādam ūttiṭunnu
malarmaṇam nin maṇam āliṭunnu
ī viśvam ākenin nam śamennāy

La brise fraîche murmure Ton nom. Le chant des oiseaux
est l'écho de Ta voix. Les fleurs exhalent Ton parfum,
tout cet univers n'est qu'une fraction de Ta gloire !

Veṇṇilāv etti nin puñciriyāy
kālkoṇṭal etti nin kurunirayāy
sūrya candranmār nin kātilōla
ārunin vaibhavam kaṇṭu bhadrē

C'est Ton sourire que manifeste la clarté lumineuse de la Lune.
Les sombres nuages nous montrent Ta chevelure bouclée.
Tu portes le Soleil et la Lune comme boucles d'oreilles.
Qui donc connaît Ta gloire, O gracieuse Déesse ?

Nī nivarnn onnaṅgu ninna nēram
nin kēśam ākavē vyōmamāyi
vyōmakēśi paramēśi dēvī
nin muṭi pūkkalāy tārakaṅgal

Quand Tu T'es levée, Tes cheveux sont devenus le ciel noir. O Parvati, Déesse suprême, les étoiles sont les fleurs qui ornent Ta chevelure !

Nī nivarnnonnu garjji ciṭumbōl
pralayāndhya sandhyakal poṭṭiyārkkum
kaṭukoṭum kāttukal cuṭu cuṭunna
paṭu kūttan jvālakalk ottiṭunnu

Lorsque Tu lances un rugissement, le crépuscule
de la dissolution finale descend. Alors soufflent
des cyclones dévastateurs et des flammes immenses,
ardentes, se mettent à danser !

Sarva lōkaṅgaḷkkum kīzhileṅgō
nin pādam ammē maraññi rippū
eṅgane nin pādam kumbiṭum ñān
eṅgane nin mukham kaṇṭiṭum ñān

Tes pieds sont dissimulés quelque part, sous tous les mondes,
O Mère, comment pourrais-je me prosterner devant Toi ?
Comment pourrais-je voir Ton visage ?

Dikkukal kokkeyum appuram nin
tṛkkaikal nīṇṭu maraññi ṭunnu
eṅgane akkaikal kaṇṇil cērkkum
entoratyat bhutam ninte rūpam

Tes mains bénies se tendent au-delà des horizons,
comment pourrais-je les porter à mes yeux ?
Que Ta forme est magnifique !

Eṅgane nin pūja ceytiṭum ñān
eṅgane nin nāmam pāṭiṭum ñān
eṅgane nin kṛpā lēśamillā-
tambikē ninne ariññiṭum ñan

Comment puis-je T'adorer ? Comment puis-je chanter Ton Nom ?
Sans Ta grâce, comment puis-je Te connaître, O Mère ?

Sarva vēdaṅgaḷum nin mahatvam
pāṭi talarnnu mayaṅgi ṭunnu
sarva śastraṅgaḷum nin niyamam
kutti varaccu valaññi ṭunnu

Les Védas se sont épuisés à tenter de chanter Ta gloire ; en vain
les Ecritures se sont-elles efforcées de mettre Tes lois par écrit.

Ellāmāy onnum allāteyāyi
nī ninte līla tuṭarnni ṭumbōl
karalu takarnnu karaññiṭāne
kazhivillā paitaṅgalk āvatullu

Tu es devenue le Tout, et puis le rien, et comme Tu continues
Ton jeu divin, les enfants impuissants que nous sommes
ne peuvent que pleurer, le cœur brisé.

Śāśvata dharma vidhāyikē nī
sadguru brahma sanātanam tān
nī vēdam nī guru premavum nī
prāṇante prāṇanum lakṣyavum nī

Toi qui détermines éternellement le dharma,
Tu es le Maître parfait, le Brahman éternel, Tu es les Védas,
le guru, et l'Amour pur. Vie de ma vie, Tu es le But de l'existence.

Nīyallāt illārum eṅgalkkammē
nī tanne śvāsa niśvāsa mennum
ninne piriññū kazhiññi-ṭānō
ñaṅgaḷ koralppavum vayya tāyē

Nous n'avons personne d'autre que Toi, O Mère.
Tu es notre souffle même.
Sans Toi, nous ne pouvons pas vivre un seul instant !

Nī pintiriññu naṭannu ennāl
poṭṭi takarnniṭum ñaṅgaḷ ammē
ninne piriññor arakṣa ṇavum
ñaṅgal sahiccīṭuk illa tāyē

Si Tu nous abandonnes, nous périrons. Séparés de Toi,
nous ne pouvons pas survivre une seule seconde.

Ninne piriññoru nēram ammē
vayya vayyoṭṭum kazhiññi ṭuvān
nī maraññaṅgane ninniṭukil
ninne tiraññu ñān mattanākum

Ces moments de séparation sont si douloureux que c'est insupportable.
Si Tu continues à Te cacher ainsi, cette quête me rendra fou.

Ōrō kaṭalkkara tōrum ammē
ninne tiraññu karaññiṭum ñān
ōro maṇalttari yōṭum ammē
ninne kuriccu tirakkiṭum ñān

Je Te chercherai sur tous les rivages
et j'interrogerai chaque grain de sable.

Kēra vṛkṣaṅgale vallikale
niṅgaḷ endemmaye kaṇṭatuṇṭō
pon tārakaṅgale niṅgaḷeṅgān
endamma pōyatu kaṇṭatuṇṭō

O vous, les cocotiers et les lianes, avez-vous aperçu ma Mère ?
O étoiles dorées, avez-vous vu ma Mère approcher ?

Rākkili kūṭṭamē niṅgaḷeṅgān
entamma tan vazhi kaṇṭatuṇṭō
hē niśāgandhi nī kaṇṭuvō chol
endammayī vazhi pōyatuṇṭō

O rossignols, avez-vous vu ma Mère ?
Dits-moi, O fleurs de la nuit, ma Mère est-Elle passée par ici ?

Minnā minuṅgē prakāśa muttē
rāvin veliccamē nillu nill
amma tan dūti nī yennu tōnnum
nīyeṅgān ennamme kaṇṭatuṇṭō

O lucioles, lumières de la nuit, vous semblez des messagères
envoyées par ma Mère. Ne L'auriez-vous pas vue ?

Māzhkiṭumambala prāvukale
ennammayī vazhi vannu kaṇṭō
ambalattinn uḷḷil pāttukāṇum
ambala dīpamē collu collu

O oiseaux dont la plainte monte du temple,
avez-vous vu passer ma Mère ?
Se cacherait-Elle dans le temple ?

Vayya vayyammaye kaṇṭiṭāte
nīri nīrittanne nīṅgiṭuvān
amma tan mārggam paraññi ṭuvān
ārārum illayō collu collu

Je ne peux plus vivre sans ma Mère et il n'y a personne
pour me montrer le chemin vers Elle.

Yuga yugān taṅgaḷāy ñānalaññū
yuga yugān taṅgaḷāy nī maraññū
karuṇāmayi ninakkentu patti
karuṇa kāṭṭīṭān amāntamentē

Il y a des milliers d'années que j'erre, il y a des milliers d'années
que Tu demeures introuvable. O Déesse miséricordieuse.
Que T'est-il arrivé ? Pourquoi tardes-Tu à m'accorder Ta grâce ?

Prēma mūrttē ninakkentu patti
nin kṛpā sindhu varaṇṭu pōyō
ninne piriññu ñānetra kālam
iniyum alayaṇam colka tāyē

O Amour incarné, Ton océan de compassion est-il à sec ? Combien de temps me faudra-t-il errer sans Toi ?

Nin viralttumbil karaṅ giṭunnū
aṇḍha kaṭāhaṅgaḷ nūru kōṭi
ā viral tumbināl enneyiṭṭu
vaṭṭam karakkuvat entu ñāyam

Tu fais tourner des centaines de milliards d'univers sur le bout de Tes doigts, est-il juste de me faire virevolter ainsi ?

Tōttu ñān, vīṇu ñān, satyamūrttē
ninn icca tanney inn endeyicca
nīyenney eṅgane tullikkumō
aṅgane tanne ṇān tullum ammē

Je suis rompu, je gis à terre, O Incarnation de la vérité, Ta volonté est ma volonté, j'agirai comme une marionnette dont Tu tires les fils.

Ninde kāruṇyam labhicci ṭuvān
ñānentu vēlayum ceyyum ammē
ninne labhicciṭum vēla tanne
vēlayenna muni śyēṣṭhrarōti

O Mère, pour obtenir Ta grâce, je ferai tout ce que Tu voudras ! Les sages d'antan ont déclaré que l'on pouvait obtenir Ta vision par des actions pures.

Entu ninakku santōṣa māṇō
innatu ceytiṭāmende tāyē
onnonnu mātram inn endeyicca
nin maṭittaṭṭilī kuññirikkum

Je ferai tout ce qui Te plaira ; mon seul désir est d'être sur Tes genoux.

Ninne labhiccitụm cinta cinta
ninne labhiccitụm karmam karmam
ninne labhiccitụm dharmam dharmam
ninne labhiccitụm dhyānam dhyānam

Les seules pensées réelles, les seules actions réelles, sont celles qui visent à Te connaître. Le seul vrai dharma est de chercher à Te connaître, la seule vraie méditation, celle dont Tu es le but.

Cintakal okkeyum ninde cinta
karmmaṅgaḷ okkeyum ninde pūja
nin nāmam colluvān cuṇṭanaṅgum
nīmātram ammē enikku sarvam

Toutes mes pensées sont tournées vers Toi, toutes mes actions sont des offrandes à Tes pieds, mes lèvres ne remuent que pour chanter Ton nom divin. Mère, Toi seule est tout pour moi.

Nīyende munnil innetti ṭēṇam
ṣrī pādam kaṇṇīril mukkiṭēṇam
nin prēma bhaktiyenn ātma nādam
mattonnum entammē vēṇṭa vēṇṭa

Je T'en prie, viens vers moi, afin qu'avec mes larmes je puisse laver Tes pieds bénis. Je ne désire rien, sinon la dévotion et l'amour pour Toi.

Nīyenne viṭṭiṭṭ innō ṭiṭēṇṭā
ninne yuruṭṭi piṭiccitụm ṇān
nāmam japicche riññinnu ninne
ñānende kayyil kurukkum ammē

Tu ne pourras plus jamais me quitter, je m'accroche fermement à Toi en chantant Ton nom divin.

Itrayum nālenne viḍhḍhiyākki
innini yappaṇi vēṇṭa durgē
nīyende śvāsamāy tīrnnu pōyi
nīyende prāṇande prāṇanāyi

O Durga, ne me joue plus de tours, ne m'abandonne plus.
Tu es mon souffle, Tu es ma vie.

Ende hṛt spandanam ninnilallō
en cintayellām ninnullilallō
ṇān tanne ninde maṭiyilallō
tārāṭṭu pāṭān maranniṭolle

Mon cœur bat en Toi et mes pensées sont en Toi.
Je suis assis sur Tes genoux, n'oublie pas, je T'en prie,
de me chanter une berceuse.

Śrī rāma candrante pāṭṭu pāṭū
vṛndāvana ttinte pāṭṭu pāṭū
mīra tan rādha tan pāṭṭu pāṭū
nin pāṭṭu kēṭṭū mayaṅgiṭām ñān

Chante un chant qui parle de Rama, qui parle de Vrindavan,
de Mira et de Radha. En écoutant Ton chant, je m'endormirai.

Ā pāṭṭil muṅgi mayaṅgiṭam ñān
saccidānandam nukarnneṇīkkām
ennēkkumen nidra tīrnniṭaṭṭe
endammayil ṇān uṇarnniṭaṭṭe !

Je m'éveillerai pour l'éternité, j'aurai fini de dormir
et je serai plongé dans l'Être-Conscience-Béatitude,
je m'éveillerai en Mère !

ŚRĪ RĀMA JAYA RĀMA

Rāmāya rāma bhadrāya
rāma candrāya vēdasē (sans reprise)
raghu nāthāya nāthāya
sītāyā patayē namaḥ

Śrī rāma jaya rāma jaya jaya rāma
Ō rāmā... ō rāmā... ōmkāra rāma
Śrī rāma jaya rāma jaya jaya rāma
Rāma rāma rāma rāma
Śrī rāma jaya rāma jaya jaya rāma

Pralamba bāhuvikramam prabhō pramēya vaibhāvam
niṣam gacāpa sāyakam kharam trilōka nāyakam
dinēśa vamśa vandanam mahēśa cāpa khaṇḍanam
munīndra santa rañjanam surādi vṛndavan danam (2x)

Je vénère Rama, le Seigneur valeureux à la gloire incommensurable qui tient l'arc et les flèches, le Roi des trois mondes, la Joie de surya vamsha, Celui qui a cassé l'arc de Shiva.
Rama est la Source de joie des saints et des sages ; les dieux eux-mêmes L'adorent.

Manōjñavairi khaṇḍitam ajāti dēva sēvitam
viśuddha bōdha vigraham samasta dūṣatāpaham
namāmi indirāpatim sukhā daram satām gatim
bhajēsa śakti sānujam śachīpatim prayānukam (2x)

Je vénère le Seigneur Rama adoré par Shiva, l'ennemi de Kama, Celui que servent Brahma et les autres dieux, la manifestation de la pure Conscience, qui met fin à tous les maux. Je me prosterne devant le Seigneur de Lakshmi. Rama, Tes lèvres sont un vrai nectar,
Tu es le support des saints, Tu es accompagné de Ton épouse et de Tes frères.

Namāmi bhakta vatsalam kṛpālu śīla kōmaḷam
bhajāmitē padāṁbujam nikāma bhakti dēhimē
rāma... śrī rāma...
namāmi bhakta vatsalam kṛpālu śīla kōmaḷam
bhajāmitē padāṁbujam nikāma bhakti dēhimē
nikāśa śyāma sundaram bhavāmbu nātha mandiram
praphulla kañja lōcanam madādi dōṣa mōcanam (2x)

Je vénère les pieds de lotus du Seigneur si plein d'affection envers les dévots.
O Seigneur, accorde-moi la pure dévotion. Je vénère le Seigneur au teint bleu sombre, dont les yeux évoquent des lotus épanouis, Celui qui déracine les mauvaises tendances telles que l'orgueil etc.

ŚRĪ RĀMA RAGHU RĀMA

Śrī rāma raghu rāma sītā patē rāma
sakalārtti nāśanā sujanārccitā
Sumanōhar ānanā mṛdu hāsa śōbhanā
manuj āvatāra hari nārāyaṇa

Sākēta puravāsa rājīva sama nētra
sītāpatē nātha sukha dāyakā
Dīnāvanā varada dēvādhi dēva jaya
hē jānakī ramaṇa raghu nāyakā

Muni mānasēśvara mṛti janma mōcanā
bhavaśōka tāraṇā śiva dāyakā
Raghu vamśa dīpakā daśakaṇṭha nāśanā
daśaratha sunandanā danujāntakā

Ghana śyāma kōmalā śara cāpa samyutā
śaraṇāgat āśrayā bharatāgrajā
Kamanīya vigrahā karuṇā rasārṇṇavā

Raghu rāma	Rama de la dynastie des Raghus
sītāpate	Bien aimé de Sita
raghu nāyaka	Seigneur du clan des Raghus
muni manaseśvara	Toi qui règnes dans le mental des sages
mṛtijanma mochanā	Tu libères les âmes du cycle des naissances et des morts
bhavaśoka tāraṇā	Tu nous fais traverser la mer des souffrances de l'existence dans le monde
siva dāyakā	Celui qui rend tout propice
raghu vamsa dīpakā	Lumière du clan des Raghu
daśakanta nāśanā	Toi qui as tué le démon Ravana
daśaratha sunandanā	Noble Fils de Dasaratha
danujāntakā	Tu extermines les démons
ghana śyama komalā	Beau dieu au teint couleur de nuages
śara capa samyutā	Tu portes l'arc et les flèches
śaraṇāgatāśraya	Tu protèges ceux qui prennent refuge en Toi
bharatāgrajā	Frère aîné de Bharata
karuṇā rasārṇṇavā	Océan de Compassion
kamanīya vigrahā	La beauté de Ta forme nous enchante
varadāyakā	Tu nous accordes des faveurs
kalayāmyaham	Je Te chéris dans mon cœur

ŚUBHA VIDHĀYAKA

Śubha vidhāyaka śiva manōhara
śaśidharā hara śaṅkarā
bhaya vināśaka bhava vimōcaka
bhasma bhūṣana bhāsurā

Amara vandita varada mangala
girisutā hṛdayēśvarā
Tripura bhañjana bhuvana rañjana
hari viriñca supūjitā

Uraga bhūṣana vṛṣabhavāhana
sakala vandya padāmbujā
Ḍamaru vādana naṭana mōhana
suranadī dhara sundarā

Yama vināśana yati janārccita
viracitōjjvala tāṇḍava
Praḷaya kāraṇa sujana pālaka
pārvatī paramēśvarā

Madana sūdanā nigama varṇita
dēva dēva sadāśivā
Pramatha nāyakā himagirīśvara
mṛḍa mahēśa naṭēśvara

subha vidhāyaka	Celui qui crée la prospérité, ce qui est propice
manohara	Enchanteur
śaśidhara	Celui qui porte le croissant de lune comme une parure
hara	Shiva
śankara	Celui qui accorde le bonheur ou la prospérité
bhaya vinśaka	Celui qui anéantit la peur
bhava vimocaka	Celui qui nous délivre des chaînes de l'existence en ce monde
bhasma bhuṣaṇa bhasura	Celui qui porte des cendres sacrées et qui brille, resplendissant
amara vandita	Celui que les dieux vénèrent.

varada	Celui qui accorde des faveurs
mangala	Celui qui est propice
giri suta hṛdayeśvarā	Le Bien aimé de Parvati (la fille du roi de la montagne, Himavan)
tripura bhañjana	Destructeur des trois cités ainsi que des démons qui règnent sur elles
bhuvana rañjana	Celui qui ravit le monde entier
harivirinca supūjitā	Celui qui est vénéré de Vishnu et de Brahma.
uraga bhuṣana	Celui qui est paré d'un serpent.
vṛṣabhavāhana	Celui dont la monture est un taureau
sakala vandya padāmbujā	Celui dont les pieds sont vénérés de tous
ḍamaru vādana	Celui qui joue le damaru (un tambour en forme de sablier)
naṭana mohana	Celui dont la danse est captivante
surandī dhara	Celui qui porte le Gange, la rivière céleste
sundarā	Celui qui est beau
yama vināśana	Celui qui tue Yama (le dieu de la mort)
yatijanārcita	Celui que les sages vénèrent
virachitojjvala tāṇḍava	Celui qui exécute une danse sauvage et brillante
pralaya kāraṇa	Cause de la dissolution finale de l'univers
sujana pālaka	Le protecteur des êtres vertueux
parvati parameśvarā	Le Seigneur de Parvati
madana sūdanā	Celui qui a tué Kama, le dieu de l'amour
nigama varṇita	Celui que célèbrent les Védas
deva deva	le Dieu des dieux
pramatha nāyakā	Le Seigneur des Pramathas
himagiriśvara	Le Seigneur de l'Himalaya
mṛḍa maheśa naṭeśvara	Grand dieu / dieu de la danse

ŚYĀM GŌPĀLĀ MĀJHĀ

śyām gōpālā mājhā kṛṣṇa gōpālā
yē mājhā puḍe he nandā cyā bāḷā
Lapun nakko rāhus malā sōḍun nakko jhāvus
Raḍavu nakkōre malā giridhar bālā

O Shyama gopala, mon Krishna Gopala, viens près de moi, je T'en prie, O fils de Nanda. Ne Te cache pas, ne me quitte jamais. Ne me fais pas pleurer, O Giridhari Gopala.

Āvaḍicā khāvu tulā mi dēyīn
āvaḍice khēḷu tujhe mi paṇ kheḷī
Thak lās tar tulā jhōpi lāvīl
Gāvūn amgāyi he giridhar bāḷā
Kṛṣṇa... gōvinda harē kṛṣṇa... gōpāla harē

Je Te donnerai toutes les fines douceurs que Tu aimes, je jouerai aussi à Tes jeux favoris. Si Tu es fatigué, je Te chanterai des berceuses pour T'endormir, O Giridhara Gopala.

Śōdhu kuṭhe mi vāṭ pāhu tujhī mī
de darśan malā naṭkaṭ bāḷā
Tujhā vinā kāhi malā āvaṭat nāhī
Ye re laukar mājhā giridhar bāḷā
Kṛṣṇa... gōvinda harē kṛṣṇa... gōpāla harē

Où Te chercher ? Je T'attends. Accorde-moi Ton darshan (vision), O petit coquin, sans Toi, rien ne m'intéresse. Viens vite, O Giridhara Gopala.

SUNLĒ PUKĀR

Sunlē pukār dil kī sunlē pukār
Sunlē pukār dil kī sunlē pukār mayyā

Ecoute l'appel de mon cœur... O Mère

Cāyā hē ghōr andhērā
rāh dikhē nā mayyā
Kaisē dēkhūmē tujhkō...
Kaisē dēkhūmē tujhkō... mā
O mā... sunlē mā... mērī mā... sunlē mā...

Entouré de ténèbres, je suis incapable de distinguer le chemin.
O Mère ! Comment Te chercher ? Comment obtenir Ta vision ?
O Mère, écoute mon appel...

Nanhā hē bālak tērā
kaisē jīyē akēlā
kōn sambhālē abh isē
Kōn sambhālē abh isē... mā
O mā... sun lē mā... mērī mā... sun lē mā...

Cet enfant n'est qu'un tout-petit, comment pourrait-il vivre,
seul, sans sa Mère ? Qui prendra soin de lui ?
Qui le nourrira d'amour? O Mère, entends mon appel !

SVĀMĪ ŚARANAM AYAPPA

Svāmī śaranam ayappa śaranam śaranam ayappa (2x)

Tu es mon refuge, mon seul refuge, O Seigneur Ayappa !

Hari hara tanaya svāmī cira sukha nilaya
giri varavāsa svāmī ghana sukha rūpa

O Seigneur, fils de Hari Hara (Shiva et Vishnu), demeure du bonheur éternel, Tu résides dans les montagnes (Sabarimala : célèbre temple et lieu de pélerinage dans le Kérala), Ta forme est bonheur absolu.

Adi malar ābhayam adiyanu śubha nila pūkān
atulita kīrttē arulaṇam avirata śānti
Hari hara tanaya svāmī cira sukha nilaya
giri varavāsa svāmī ghana sukha rūpa

O Seigneur à la gloire incomparable, Tes pieds de lotus
sont le refuge du malheureux que je suis ; accorde-moi
la paix éternelle, fais que j'accède à l'état de Conscience suprême.

Tiru muṭi rūpam svāmī jani mṛti bhāram
palavuru pēri vēṇdē iniyoru janmam
Hari hara tanaya svāmī cira sukha nilaya
giri varavāsa svāmī ghana sukha rūpa

O Seigneur à la forme propice, j'ai porté bien des fois le fardeau
de la naissance et de la mort.
Je n'ai plus aucun désir de renaître, non, je ne veux plus renaître.

Tava tiru meyyil svāmī malar abhiṣēkam
attiloru malarāy tīrnnāl avikala saukhyam
Hari hara tanaya svāmī cira sukha nilaya
giri varavāsa svāmī ghana sukha rūpa

O Seigneur devant Ta forme propice, j'offre des fleurs
et si je pouvais devenir l'une d'entre elles,
j'atteindrais la pure béatitude.

TALARNN URANGUKAYŌ

Talarnn urangukayō? iniyum
viṣāda mūkatayo?
manuja kotikal viṣaya garalam
nukarnn urangukayō...! tammil
marannu rangukayō?

Dors-tu encore du sommeil profond de l'oubli ?
Des millions d'êtres humains sont endormis,
ivres des plaisirs du monde,
sans aucune conscience de leur vraie nature.

Kalattin kaiviral tumbāl virica
cāyā citraṅgalō...manuṣyan
Uyartiya taḷakal...! tazhtiya taḷakal...
viralunna..vilarunna mukhaṅgaḷ...! engum
maravicu maruvunna manuṣyan....!

Figurines peintes par les doigts du temps, certaines la tête levée,
d'autres la tête baissée, visages pâles, visages grognons,
visages figés et craintifs ; sont-ils vraiment des êtres humains ?

Niṅgaḷkku kanikānān niṅgaḷe kanikānān
innī jagattil manuṣyar untō?
Untenkil oru tāmara malar mottupōl
mizhiyatac uraṅgunnat ente...hṛdayam
ital vitarttī dāttatentē?

Existe-t-il à notre époque un seul être humain authentique ?
S'il en existe, pourquoi dorment-ils comme des boutons de lotus fermés ?
Pourquoi leur cœur ne s'épanouit-il pas ?

TĀRĀPATHAṄGAḶĒ

Tārā pathaṅgaḷē tāzhōṭṭu pōrumō
tārāṭṭu pāṭuvān ammayuṇṭu
Tīrātta snēhattin nīrurav āṇavaḷ
tēṭum manassinu taṇal āṇavaḷ

O étoiles, ne voulez-vous pas descendre ? Mère est là pour vous chanter une berceuse. Elle est la rivière d'amour infini. Pour les esprits qui cherchent (Dieu), Elle est l'arbre qui offre la fraîcheur de son ombre.

Mauna rāgaṅgaḷum mūḷiyī rātriyil
mandamāy vīśivarunn oru tennalē
Sāndra madhuramāy mantriccat entu nī
mādhuryam ūṛumen ammatan kathakaḷō

O fraîche et douce brise, Tu approches lentement la nuit, fredonnant des airs silencieux. Qu'as-tu donc murmuré à mes oreilles ?
Etaient-ce les doux récits qui parlent de ma Mère ?

Sūryanum candranum udiccasta mikkunna
nīla mēghaṅgaḷ ilūṭe melle
Niṅgaḷkku divyamām ī prabhayēkiya
amma yekkāṇān kotiyillayō

Le Soleil et la Lune se lèvent et se couchent chaque jour, dans le bleu du ciel, (au-dessus des nuages).
N'avez-vous pas le désir de voir ma Mère, qui vous a donné cette splendeur divine ?

TĀTAN AVIṬUNNU ÑAṄGAḶ MAKKAḶ

Tātan aviṭunnu ñaṅgaḷ makkaḷ
pārinte maṇṇil piranna pūkkaḷ
pārile pūzhiyāl kaṇkal mūṭi
paitaṅgaḷāy ñaṅgaḷ kēḷiyāṭi
deva... deva... deva...

Tu es notre Père, nous sommes Tes enfants ; nous sommes les fleurs nées de l'humus de cette terre. Aveuglés par la poussière du monde, nous, les enfants, avons joué bien longtemps.

Śaraṇam aśaraṇarkkē kiṭuvōn
taraṇam aṭiyaṅgaḷkka abhayam ennum
Ariyātoru pizha ceytupōyāl
arivezhum tātan porukkukillē
deva... deva... deva...

O Toi qui accordes refuge aux malheureux, protège ces pauvres enfants. Même si, dans notre ignorance, nous commettons des erreurs, le Père omniscient ne pardonnera-t-il pas à Ses enfants ?

paitangaḷ ñaṅgaḷ kāliṭaṛum
tātapādaṅgaḷil āññu vīzhum
ñaṅgaḷuṭe nērē ī raudrabhāvam
entinu kāṭṭunnu nityavum nī

Les enfants commettent des erreurs, c'est inévitable.
Nous tombons aux pieds de notre Père. Pourquoi manifester chaque jour de la colère envers nous ?

Ñaṅgaḷe viṭṭu dayāparan nī
aṅgu dūrēykku gamikka yāṇō ?
Eṅkil inimēlil illa ñaṅgaḷ
mannil ennum kiṭannu pōkum deva... deva... deva

O Père miséricordieux, T'en vas-Tu loin de nous,
en nous abandonnant ? Si Tu agis ainsi, à l'avenir
nous serons perdus, éternellement enchaînés à cette terre.

TĒNMAZHAYĀKA UNTAN

Tēnmazhayāka untan punnakaiyai
entan mītu pozhivāy
uḷḷattil māsakatti idayatril
entrenṭrum vītriṭuvāy

Ma Mère chérie, offre-moi Ton sourire divin,
répands Ton amour céleste dans mon cœur sec,
dissipe la mélancolie qui grandit en moi,
demeure toujours en moi, Mère, ne me quitte jamais.

Allum pakalum ammā unnai eṇṇi
neñcam nekizhkiratu
īṭatta inpam tarum ambikayai
uttavarkku tavaḷē

Dans le sanctuaire de mon cœur, mes rêveries, mes méditations
n'ont pas d'autre objet que Toi. Ma petite vie n'est
qu'une longue et vibrante adoration de Toi, Mère au charme éternel.

Uḷḷakōvi linuḷḷē pukuntiṭa
uḷḷam tirantu vayttēn
ēkkam taṇintiṭavē amarntaṅku
taṇṇoḷi pāycciṭuvāy

Mon cœur est réduit au silence, saisi d'un respect craintif,
je suis ravi en prière, attendant sans cesse Ta grâce,
ma Mère bien-aimée, mon seul refuge,
viens illuminer mon âme ténébreuse.

Anpine tēṭittēṭi
kaḷayttu nān uḷḷam uṭayntu viṭṭēn
eṭṭātolay vilellām tēṭittēṭi
kaṇṇīr viṭṭu kaḷaittēn

J'ai cherché l'amour, désespérément ; je suis seul, abandonné, découragé, j'ai erré sans fin, poursuivant des ombres, j'ai beaucoup pleuré et je suis las.

Kaṇkaḷil kaṇṇīr illai
azhutiṭa tenpum illai uṭalil
tunnpakkanalil entan idayamō
ventu nīrākiratu

Mon cœur desséché se brise en miettes, il brûle, brûle,
en proie à un tourment inexprimable. Ne lèveras-Tu pas
Ton voile, au moins une fois, pour me révéler Ta forme divine ?

Īṭilla unkaruṇai pozhintu nī
tollaikaḷ pōkkiṭuvāy
aruḷmazhayil entrum idayatte
tiruttala mākkiṭuvāy

Daigne disperser, O Mère, les sombres nuages
qui pèsent sur mon cœur qui chavire. Inonde ce cœur
du nectar de Ton amour, rend le digne d'être offert sur Ton autel.

Viṇṇavar sukham vēṇṭā vēṇṭām tāyē
vāzhvin perum sukhamum
āzhnta nal bhakti vēṇṭum vēṇṭuvat
jñānavum muktiyumē

Je ne désire ni les joies célestes, ni les merveilles de la terre ;
tout ce que je demande, c'est la dévotion suprême
qui me libérera à jamais de l'illusion du samsara.

Vāy untan nāmam solla mahēśvari
kātuntan nādam kēṭṭkka
kaṇṇil ānanda kaṇṇīr perukiṭa
tōntiṭuvāy manatil

Que ma langue répètent éternellement Ton mantra sacré ;
que mes oreilles entendent toujours Ta voix divine,
puissent mes yeux déborder de larmes d'amour
et mon cœur savourer la vision de Ta forme divine.

TĒṬI UNNAI ṢARAṆAṬAINTŌM

Tēṭi unnai ṣaraṇa ṭaintōm deśa muttumārī [amṛtamāyi tāye]
tēṭi unnai ṣaraṇa ṭaintōm eṅkal muttumārī [amṛtamāyi tāye]
Muttumārī amma muttumāri... (2x)
[Amṛitēśvari ammā amṛtēśvari... (2x)]

O Muttumari (Celle qui répand des perles),
nous avons cherché refuge en Toi et Tu nous l'as accordé.

Allalkalai tīrttiṭuvāy
arulinai tantiṭuvāy
Anpuṭane manamiraṅgi
anparkalai kāttiṭuvāy

Tu détruis la souffrance et accordes des faveurs.
Avec amour et compassion, Tu protèges Tes dévots.

Nilayaṭra vaiyyakattil
nilayindri tavittiṭum
Eṅgalukku nalam ceyya
iṅguṭanē vanti ṭuvāy

Dans ce monde de l'impermanence, nous souffrons sans aucune protection. Daigne venir tout de suite nous bénir.

Aṭaikkalam nīyēyentru
aṭipaṇin tīṭuvōm
Azhivillā nilai tantu
piraviyin payan alippāy

Nous venons à Tes pieds de lotus en sachant que Tu es notre seul refuge. Accorde-nous d'accéder à l'état de conscience éternel qui est le fruit de la vie humaine.

TUYARANG KAḶAI KŪRUM

tuyarang kaḷai kūrum murai teriyāmal
kaḷaittu viṭṭēn inta vāzhvil
parivuṭan kaṭai kaṇ pārttāl pōtum
pukaliṭam ini vēr etarkku

Incapable de communiquer ma douleur, le cœur brisé, je demeure.
Si Ton regard omniscient se pose sur moi avec compassion,
ce sera là mon refuge.

Vēṇṭuvat anaittum tarum aruḷ pārvaiyai
entrum pozhintiṭu povaḷē
śiritoru pārvai ivanatu uṭalai
varuṭi cellātō tāyē

Les étoiles jumelles de Tes yeux lancent d'innombrables rayons propices.
Une petite vague de ces rayons ne viendra-t-elle pas me caresser ?

Mati kulai kiratu manam alaikiratu
uṭalum sōrvaṭai kiratu
unataruḷ tavira gati enakkillai
enpatai nī ariyāyō

Je suis désorienté, mon esprit est agité, le corps s'effondre.
O Mère ! Je ne vois aucun soutien possible, hormis Ta grâce.

Nī purakkaṇittāl vāzhvē vīṇ entrum
nanrē ninaivil koḷvāyē
unataṭi paṇiyum enakkitu pōtum
enpatuvō un eṇṇam

Mère, rappelle-Toi, si Tu m'abandonnes, ma vie aura été vaine.
Ne suis-je pas digne de chercher refuge à Tes pieds ?

UḶḶAM URUKUTAYYĀ MURUKĀ

uḷḷam urukutayyā murukā
unnadi kānkayile
alli anaittidave
enakkul āsai perukutappā murukā

O Muruga (Kartikeya), mon cœur fond en Te voyant.
Chaque jour qui passe voit croître en moi le désir de T'étreindre.

pādi para vasamāyi unnaiye
pārttida tonutaiyyā
ādum mayileri murukā
ōṭi varuvāyappā

En chantant Tes louanges, j'entre en extase.
Je n'ai qu'un désir : consacrer tout mon temps à Te regarder.
Viendras-Tu bien vite, O Muruga, viendras-Tu, monté sur Ton paon ?

pāsam akantra taiyyā
bandha pāsam akantra taiyyā
untan mel nesam valantra taiyyā
īśan tiruma kane
entan īnam marainta tappā

Les liens et les attachements familiaux qui me retenaient tombent, remplacés par l'amour que j'ai pour Toi.
O Fils de Shiva, mes tourments s'évanouissent.

āru tiru mukhavum arulai
vāri vazhan kutaiyyā
vīramikum tolum kadambum
vettri muzhan kutappā

Tes six visages rayonnent de grâce divine ; Tes armes divines annoncent la victoire (à tous ceux qui viennent se mettre sous Ta protection.)

kan kanda daivam ayyā
nī inta kaliyuga varadan ayyā
pāvi yendrikalāmal
enakkum padamalar taru vāyappa

Tu es dieu incarné, dans cet âge sombre (du matérialisme)
Tu te tiens là devant nous. Je T'en prie, ne me rejette pas
en me considérant comme indigne, accorde-moi Ta grâce divine.

UḶḶIL TUḶUMBUNNA MANTRA

Uḷḷil tuḷumbunna mantram - ātma
dharmam teḷikkunna mantram

Om Amṛtēśvaryai namaḥ mantram - ātma
nirvṛti dāyāka mantram!

Le mantra « Om Amriteshvaryai Namah » résonne en moi ;
c'est le phare qui éclaire la voie du dharma (la justice divine) ;
c'est le mantra qui libère l'âme.

Tāriḷam kayyāl talōṭi - amma
kāruṇya tīrtham pozhikkē

Mayūnnu mōhāndha kāram - manam
mēyunnor ekānta tīram!

Quand Amma me caresse de Ses mains douces comme des pétales de fleurs, quand le flot sacré de Sa compassion se répand sur moi, les ténèbres de l'illusion se dissipent et mon cœur, ravi, savoure les délices de la solitude.

Tēṅgalum viṅgalum tīrum - tīrā -
vyādhikaḷ vērattu mārum
Ammay onnāśīrva dikkē - janma
janmāntar āndhyam naśikkum!

Alors ma douleur intolérable et mon chagrin s'apaisent ; des maladies réputées incurables guérissent sans laisser de trace. La bénédiction d'Amma dissipe en moi jusqu'au moindre vestige d'ignorance spirituelle.

Snēhāmṛtam ārituki - jīva
cētassuṇar tunna nēram
Ātmā vilātmā vuṇarum - sacci -
dānanda bōdham teḷiyum!

Quand Amma répand comme une ondée bienfaisante le nectar de l'amour, Elle éveille ma conscience et la présence de l'Etre-Conscience-Béatitude se révèle enfin en moi.

VANDANAM NITYA VANDANAM

Vandanam nitya vandanam – nin
padataḷiril ozhuki ṭunna vandanam;
bandhanam duḥkha bandhanam – ata
azhiyuv atinn anudinam en vandanam.

Humblement, je me prosterne à Tes pieds de lotus.
Je Te vénère afin d'être libéré des liens de la souffrance.

Karuṇa yuḷḷa manama tinnu vandanam – ente
duritam ākeya kaluvān āyu vandanam
Nanma cērnnaveṇ matiykku vandanam – ente
tinma viṭṭu pōvatinnu vandanam

Je prie pour que me soit accordé un cœur rempli de compassion,
pour être libéré des péchés commis dans le passé.
Accorde-moi un cœur pur, que n'entache aucune imperfection.

Satyamonnu tirayu vōrkku vandanam – ata
nityamenu karutu vōrkku vandanam;
Hṛttilamba vāzhu vōrkku vandanam– ente
hṛttilamba vazhvatinnum vandanam.

Mon humble respect aux sages qui ont compris la Vérité éternelle.
Mes respects à ceux qui contemplent à chaque instant le Divin
dans leur cœur.

VANDĒ VĒDA MĀTARAM

Vandē vēda mātaram
vandē dēha mātaram
vandē dēśa mātaram
vandē viśva mātaram

Je me prosterne devant la Mère des Védas, la Mère qui a donné
naissance à ce corps, la Mère de la nation, la Mère de l'univers.

Jaya jaya bhārata mātā jaya jaya
mātā amṛtānandamayī
Mangaḷa kāriṇi mañjuḷa hāriṇi
mātā amṛtānandamayī

Gloire à notre Mère l'Inde ! Gloire à Mère Amritanandamayi,
la Source de ce qui est propice ! O divine Beauté,
Tu dérobes les cœurs, Amritanandamayi !

Jayatu samasta carācara bandhu
bhavatu sadāhṛdi sēvana sindhu
Manasica vāci sadā mama santu
madhurita cinta vāṅmadhu gandhā

Gloire à l'Amie de toutes les créatures, à Celle dont l'abnégation
est infinie comme l'océan. Daigne, je T'en prie,
demeurer dans mes pensées et dans mes paroles,
leur donnant la douceur du miel.

Mākuru mē hṛdi dōṣa vicaram
pūraya mē hṛdi dharma vicāram
Pālayamām akhilā padatōmē
dēhi sadā śubha kuśala mudāram

Fais que mon mental soit pur de toute pensée mauvaise,
remplis mon cœur de sentiments nobles. Protège-moi de tous les dangers.
O Amma, accorde-moi d'être toujours plein de gaîté et de sollicitude.

VĀṆĪMAṆĪ MĀTĒ

Vāṇīmaṇī mātē vīṇā dhṛtahastē
Gānāmṛtalōlē vāgīśvari vandē
Jai jagadambē jai jagadambē
jai jagadambē jai jai mā (4x)

O Mère Sarasvati, Tu tiens la vina, gracieuse Déesse,
Source du nectar de la musique, je me prosterne devant Toi,
Mère de la parole !

Nīlōlpala nētrē śōbhā paripūrṇṇē
Rāsēśvari rādhē rājēśvari vandē (Jai...)

O Mère dont les yeux évoquent le lotus bleu,
Ton être rayonne de lumière, Tu es aussi Radha,
la Déesse de la danse rasa. Je me prosterne
devant la Souveraine de tous les rois !

Śyāmē śubha rūpē śōkā mayahīnē
Kāḷī karuṇārdrē kāmēśvari vandē (Jai...)

Déesse au teint sombre, à la forme propice !
Il n'y a en Toi aucune place pour le chagrin.
O Kali, tendre et compatissante,
je me prosterne devant Toi qui règnes sur les désirs.

Ōmkāra śarīrē pāśāṅkūśa pāṇē
Kālānta kajāyē kāḷīśvari vandē (Jai...)

Mère ! Incarnée dans le Om, Tu tiens le nœud (symbole de l'attachement aux objets de ce monde) et l'aiguillon (pour lutter contre le mal),
Épouse de Celui qui fait fuir la mort (Shiva), je me prosterne devant Toi !

Līlā dhṛta mūrttē mōhāpaha kīrttē
Dīnēṣuda yārdrē sarvēśvari vandē (Jai...)

C'est uniquement par jeu que Tu as pris une forme,
Tu es réputée pour dissiper l'illusion, Tu es tendre
et miséricordieuse envers les malheureux,
je me prosterne devant Toi, Souveraine de Tout.

Ādyanta vihītē ānanda suśīlē
Ēkānta vilōlē lōkēśvari vandē (Jai...)

O Mère, Tu n'as ni commencement ni fin, Ton charme
nous plonge dans la béatitude, la solitude fait Tes délices,
je me prosterne devant Toi, Support de l'univers !

VĀZHIYA ENṬRUM VĀZHIYAVĒ

Vāzhiya enṭrum vāzhiyavē
amṛtā dēvī vāzhiyavē
Untan punnakai kaṇṭālē
eṅkaḷ kavalai tīrntiṭumē

Puisse Amrita Dévi vivre longtemps et pour toujours.
S'il nous est donné de contempler longuement Ton visage souriant, nous serons délivrés de tous nos soucis.

Makkaḷ nāṅkaḷ seykinta
pāpaṅkaḷ anaittum tīrntiṭavē
Puṇṇiya bhūmiyil pirantāyē
amṛtā dēvī vaṭivi nilē

Tu es née dans ce pays sacré sous la forme d'Amrita Dévi,
pour contrebalancer les péchés de gens comme nous.

Untan kaṭaikkaṇ pārvvayilē
eṅkaḷ janmam kazhintiṭavē
Nāṅkaḷum kāttu nirkinṭrōm
ammā nīyum kārppāyō

O Amma, daigneras-Tu nous regarder ? Nous attendons,
nous languissons d'obtenir un de Tes regards.

Ariyā piḷḷaiykaḷ nāṅkaḷumē
unnai tuṭarntu naṭantiṭavē
Pātai onṭru vakuttu tantu
nalvazhi kāṭṭum dēvī ammā

Nous, Tes enfants ignorants, T'avons suivie, O Amma.
Daigne nous frayer un chemin (vers le Soi).

VERUM ORU PULKKOṬI

Verum oru pulkkoṭi ñan ammē, nin
kṛpa illennal ñan illa,
Kanaka mayī nin kāruṇyāmṛta –
Rasam ennuḷḷil coriyēṇam.

Je ne suis qu'un brin d'herbe, et sans Ta bienveillance,
je ne peux pas exister. O Mère chérie, puisse le nectar
de Ta compassion se répandre sur moi !

Ñānenna bhāvavum mōhā vēśavum
kūṭi kalarnnoru rūpam ñan
Pāpaṅgaḷ pōkkiyen hṛdaya talattil
nī vasiccīṭa ṇamammē

Je ne suis qu'un mélange d'ego et d'illusions;
daigne purifier mon cœur de ses péchés
et en faire Ta demeure éternelle, O ma Mère.

VIHARATI YAMUNĀ TAṬMĒ

Viharati yamunā taṭmē hari sadā
viharati yamunā taṭmē

Hari (le seigneur Krishna) gambade sans cesse sur les rives de la Yamuna.

Madhuram gāyati nṛtyati laḷitam
praviśati saghana nikuñje
Mandam mandam calati vane'yam
sundar mañju padōm sē

Son doux chant résonne, sa danse est enchanteresse
et Il se faufille dans les bosquets. Il se déplace lentement
dans la forêt, ses tendres petits pieds trottinent.

Rādhā vadana vidhūkī śōbhā
pibatimudā nayanōm sē
Yugaḷ manōhar rūpī mādhav
madhu varṣati gōkul mē

En extase, Radha boit les rayons de ce visage
pareil à la lune. Madhava, qui charme tous les cœurs,
répand sur le village de Gokul une douceur ambrosiaque.

Yamunā taṭinī tīr manōhar
puḷakitu hari narttan sē
Hari svaraśanko vyākul laharēm
nāch uṭhīm svāgat mēm

Même les rives de la Yamuna exultent quand Hari
les choisit pour y danser. Les vagues de la Yamuna
frémissent en Sa présence et L'accueillent
en dansant joyeusement.

VINATI HAMĀRI TŪNE SUNI

Vinati hamāri tūne suni nahi kānhā
Kasūr hamāra kyā he kucc to batāna

O Seigneur, Tu fais la sourde oreille à nos ferventes requêtes.
Dis-le nous, je T'en prie, quelle erreur avons-nous commise ?

Gōpiyōm ke duḥkh ko tūne nahi jāna
Vraj ko kanaya tum bhūl na jāna

Tu ignores le chagrin des gopis, O Krishna, s'il Te plaît,
n'oublie pas le pays de Vraj (Vrindavan).

Śyām ḍale phir bhi āye nahi kānhā
Kōyī nahī jāne kab lōṭṭēṅkē kānhā

Le soir tombe et Krishna n'est pas venu.
Nul ne peut dire quand Il viendra.

Ik kṣaṇ ko to ā jāo kanhā
Jīnā nahī dēkhē binā, tujhkō kānhā

O Krishna, s'il Te plaît, reviens, au moins un moment.
Privées de Toi, nous ne voulons plus vivre.

Āvō śyām mērē śyām mērē pyārē ghanaśyām

O Krishna, s'il Te plaît, viens, mon Krishna chéri.

VINATI SUNO VINATI SUNO

Vinati suno vinati suno
vinati suno mā vinati suno
Sankata hariṇi santoṣi mā
sādhu jana priya dēvī mā
Sadā ānandamayī mā
sadāśiva priya dēvī mā

O Mère, je T'en prie, écoute ma prière. Mère, Toi qui effaces tous les chagrins, il est facile de Te contenter, Tu aimes les dévots ; Tu es établie dans la béatitude éternelle, Bien-aimée de Sadashiva.

VIṢĀDAMĀKAVĒ

Viṣādam ākavē vazhi māri nilkkum
manuṣyan manassine aṛiññāl
iruḷinte curulukal akale poy marayum
udayārkka bimbam teḷiyum - hṛttil
uṇarvvinte kiraṇaṅgaḷ pozhiyum!

Toute tristesse s'évanouit si l'être humain obtient
la connaissance de son Soi. La lumière illumine

alors son cœur enveloppé de ténèbres. Un jour, le soleil se lèvera et illuminera le cœur grâce aux rais de l'éveil !

Paraspara vairuddhyam kaṭaṅkatha yākum
aniścita gati māri māyum
Parajana sukham svanta sukham ennu tōnnum
hṛdayam hṛdayam ōṭiṇaṅgum - ellām
orumayil theli varnu viḷaṅgum

Les conflits ne seront plus que des contes, l'incertitude s'évanouira, chacun considèrera le bien-être d'autrui comme son propre bien-être, les cœurs seront amis et le monde baignera dans la lumière de l'harmonie.

Sarga sahiti kalkku varavēlpu nalkum
samatva viśālānta rangam
Snēha vaikharī nādam amṛtamāy ozhukum
avaniye avirāmam tazhukum... ullam
asulabha nirvṛti nukarum

Le cœur ouvert, ayant une vision égale de tous les êtres (en tant que manifestations de la Conscience) accueillera l'expression créatrice. La voix de l'Amour, nectar divin, se fera entendre et caressera sans cesse la terre. Le Soi goûtera une béatitude rare.

VIŚVA MĀNAVA

Viśva mānava vaśya snēhamē
śuddha vātsalya dhāmamē
hṛdyamām tava satccari tramī
martya jīvita darśanam

O Demeure de pure affection, Amour pur qui charme tous les cœurs, Ta vie bénie est le message que Tu donnes à l'humanité.

Kāvya nirbhara lōla mānasa
vīṇa mīṭṭiya pallavi
mauna sāndra vilīnamāy tava
padapāmsu tīrtthaṅgaḷil

Les mélodies languissantes que fredonnait la vina (luth indien) de mon cœur sont devenues silencieuses en se mêlant aux eaux sacrées qui lavent Tes pieds.

Vēdasāra viśāradātma
sukhālaya maṇi dīpamē
prāṇanil svaratāḷamē ī
rāga nirjhariyāy varū...

O Lumière de la Conscience, qui brille sous la forme de l'Essence des Védas, Tu es le rythme des pulsations de ma vie,
je T'en prie, viens à moi sous la forme d'un flot de mélodies.

Nin dayā vayvaipil immahī talam
nanma pūviṭṭu ṇaravē
tingum ādaravōṭ anāratam
ninne vāzhttiṭunn ēvarum

Cette planète baigne dans Ta compassion et partout fleurit la bonté ;la création entière T'acclame, le cœur rempli de vénération.

VIṬARĀTTA TĀMARA

Viṭarātta tāmara malarmoṭṭu ñān ammē
mizhi aṭaccinnum tapas irippū
prabhayākum jagadamba arikatt aṇāyunpōḷ
prabhayēttu viṭarān koticc irippū

O Amma, je ne suis qu'un lotus encore en bouton, qui reste assis à méditer les yeux clos. O Mère du monde, si lumineuse, j'aspire à m'épanouir dans les rayons de Ta lumière, quand Tu T'approches de moi.

Iruḷārnnorī van taṭākattil jyōtissāy
jananiye neṭunāḷāy kāttirippū
Mizhi nīr ozhukki koṇṭ anūdinam aviṭutte
tiru darśana tināy kēṇiṭunnu

Dans cet immense lac de ténèbres, il y a longtemps que je T'attends, O Mère, Incarnation de la Lumière. Chaque jour, en pleurant à chaudes larmes, j'implore Ta vision divine.

Viṭarāte kozhiyān nī karutallē lōkēśi
vīṇṭum ñānī bhūvil aṇaññi ṭende
Arutammē ōrkkumbōl talarunnu taṇṭukal
tavapādam ammē ñān kumbiṭunnu (2x)

O Déesse de l'univers, ne permets pas que je me fane avant d'avoir fleuri, car sinon, il me faudra peut-être renaître. Oh non ! Mère, je tremble à cette idée. Je me prosterne à Tes pieds, O Mère, je me prosterne à Tes pieds.

VIṬHALĀ HARI VIṬHALĀ

Viṭhalā hari viṭhalā (2x)
Paṇḍuraṅga viṭhalē hari nārāyaṇa
Purandara viṭhalē lakṣmi nārāyaṇa
Hari nārāyaṇa lakṣmi nārāyaṇa
Śrī nārāyaṇa satya nārāyaṇa

Viṭhalā	Seigneur de Pandarpur
Hari	Seigneur Vishnu
Paḍuraṅga	Au teint blanc
Hari Nārāyaṇa	Vishnu, Celui qui soulage la détresse, Celui qui repose sur l'Océan primordial.
Lakṣmi	Déesse de la prospérité ; épouse de Vishnu.
Satya	Vérité

VRAJAVANA KUÑJAVIHĀRĪ

Vrajavana kuñjavihārī jai jai
yadukula nātha murārī
Navaghana nīla śarīri jai jai
jayatu sadā danujārī
Hari hari bol jai hari hari bol jai

Gloire à l'enfant qui visite à son gré les huttes
de la forêt du Vraj, au Chef du clan des Yadavas.
O Krishna au corps bleu sombre, louanges éternelles à Toi,
Destructeur des êtres méchants !

Gōvārddhana giridhārī jai jai
kāḷiya mada samhārī
Mṛdu pītāmbara dhārī jai jai
jayatu sudarśana dhāri
Jai jai jayatu sudarśana dhāri

Gloire à Toi qui as soulevé la Montagne Govardhana,
qui as anéanti l'ego du serpent Kaliya. Vêtu de douces étoffes jaunes,
Tu tiens le Sudarshana (arme divine) !

Nirupama karuṇā śālī jai jai
surabhila suma vanamālī
Nikhila carācara rūpi jai jai
jayatu varābhaya pāṇī
Jai jai jayatu varābhaya pāṇī

Gloire à Toi, dont la compassion est sans égale, Tu portes une guirlande
de fleurs sauvages et parfumées, toutes les formes, animées ou inanimées,
ne sont que Ta manifestation. Accorde-nous des faveurs et Ta protection !

Āsura dharma virōdhī jai jai
śāśvata dharmōdhārī
Pāṇḍava ratha sañjārī jai jai
jayatu jaganmaya śaurī
Jai jai jayatu jaganmaya śaurī

Gloire à Toi, hostile aux actes démoniaques, Toi qui soutiens le dharma éternel. Tu as conduit le char du Pandava (Arjuna), O Dieu puissant et omniprésent.

VṚNDĀVANA KUÑJĀŚRITA

vṛndāvana kuñjāśrita kṛṣṇa
mandāra sumālamkṛta kṛṣṇa
indī varada ḷōcana kṛṣṇa
kāḷindītaṭa narttana kṛṣṇa

O Krishna, Tu résides dans les jardins de Vrindavan, paré de belles fleurs de lotus, Tes yeux ressemblent aux pétales du lotus bleu, Tu danses sur la berge de la rivière Kalindi...

kṛṣṇa kṛṣṇa mana mōhana kṛṣṇa
kṛṣṇa kṛṣṇa madhu sūdana kṛṣṇa
kṛṣṇa kṛṣṇa muraḷī dhara kṛṣṇa

Krishna, Tu captives les cœurs; Tu as tué le démon Madhu, Krishna, Tu tiens la flûte divine...

nanda yaśōda nandana kṛṣṇa
manda gamana mana mōhana kṛṣṇa
cintita mangaḷa dāyaka kṛṣṇa
santāpāntaka sundara kṛṣṇa

Krishna, Fils de Nanda et de Yashoda, Tu marches lentement et Tu captives les cœurs, Ceux qui méditent sur Toi obtiennent ce qui est propice, Tu détruis le chagrin, O bel enfant Krishna.

jaya jaya dēva jaganmaya kṛṣṇa
jagada bhirāma kaḷēbara kṛṣṇa
jaya karuṇā maya kēśava kṛṣṇa
jaya muraḷī dhara mādhava kṛṣṇa

Gloire à Krishna, au Dieu qui imprègne le monde entier
et dont la forme enchanteresse apporte le bonheur au monde,
gloire à Celui qui est la compassion même, louanges
à Celui qui tient la flûte divine, Celui qui contrôle les sens.

VṚNDĀVANA RĀJI PŪTTU

Vṛndāvana rāji pūttu maṇam tūki
vraja gōpika māra ṇaññuṣassu pōle
mōhana muraḷi madhugāna lahariyil
mati marannava rōrō naṭanamāṭi

Les arbres sont en fleurs à Vrindavan et un doux parfum y règne.
Les gopis (bergères) sont arrivées, comme l'aurore au teint de rose.
Elles dansent en extase sur les douces mélodies de la flûte, oubliant tout.

Paninīr malar pōle pari śōbha yārnnuḷḷil
maruvunnu madhusmitam tūki kaṇṇan
Uḷḷatte yuṇarvvētti nalliḷam tennal pōl
mellavē tazhukunnu kara valliyāl

Rayonnant, comme une rose qui s'ouvre et s'épanouit,
Kanna sourit avec tendresse. De Ses douces mains,
Il répand des caresses, vivifiantes comme la fraîcheur de la brise.

Pativupōl rādha yanna ravinda nayanante
tirumāril talachāyccu mayaṅgi ninnu...
Uṇarnnappōḷ manamāke maraviccu maṇi varṇṇan
maraññat ōrttariyāte karaññu pōyi

Ce jour-là, comme chaque jour, Radha a posé la tête
sur la noble poitrine de Krishna aux yeux de lotus.
Radha rêvait. Quand elle s'est réveillée, son cœur a chancelé :
elle a fondu en larmes car Krishna au teint sombre avait disparu.

Yamunayil ōḷaṅgaḷ nērma yilinnu mā-
muraḷī ninādam muriññiṭāte
Mūḷunnu vērpaṭil vyatha puṇṭa rādhatan
cutumizhi nīrum viyarppu māki

Aujourd'hui encore, les vagues de la Yamuna fredonnent
sans interruption les mélodies jouées par la flûte de Krishna.
Les larmes et la sueur de Radha, qui se languissait de Krishna,
se sont mêlées à la triste mélodie de la Yamuna.

VṚNDĀVANATTILE SAKHIMĀRE

Vṛndāvanattile sakhimāre
niṅgaḷ eṇṭe kaṇṇane kaṇṭuvō ?

O amis de Vrindavan, avez-vous vu mon Kanna (l'enfant Krishna) ?

Nanda nandanā nitya sundarā
śyāmaḷa kōmaḷa bālā
Kaṇṇā... kaṇṇā...
Pīli tirumuṭi aramaṇi kiṅgiṇi
chārttiya muraḷī lōlā
Āṭi cāñcāṭi cariññāṭi koṇṭōṭi vā

Le Fils de Nanda, l'Enfant au teint sombre, à la beauté éternelle,
Celui qui joue délicatement de la flûte et porte une couronne
de plumes de paon, un collier de perles, O Kanna,
viens danser, courir et gambader !

Gōpa kumārā gōpi vallabhā
nīlāmbara mukha dhārā
Kaṇṇā... kaṇṇā...
Anudinam ennuṭe sirakaḷil ozhukān
nāda brahmamāy vā
Āṭi cāñcāṭi cariññāṭi koṇṭōṭi vā

O petit pâtre, Seigneur des gopis, Toi dont le visage
a la couleur du ciel bleu sombre ! Viens,
sous la forme du Son primordial,
coule chaque jour dans mes veines!
O viens danser, courir et gambader !

Kāḷiya mardana kamala vilōcana
tālappolikaḷ uṇarttu
Kaṇṇā... kaṇṇā...
Vākaccārtti pīli viṭarttiya
mōhana darśana mēkū...
Āṭi cāñcāṭi cariññāṭi koṇṭōṭi vā

O Toi qui a dompté le serpent Kaliya, Enfant aux yeux de lotus,
allume les lampes, accorde-moi le darshan de Ta forme
resplendissante, parée de différents costumes,
O viens danser, courir et gambader !

VYATHA YARIYIYKKĀN

Vyatha yariyiykkān vazhi yaṛiyāt ivan/ival
avaśam vāzhuka yāṇē
viśada vilōcāna yalivōṭe yivanil
patiyukil atutān abhayam

Ne sachant pas comment exprimer ma douleur, je reste là,
le cœur brisé. Si Ton regard omniscient se pose sur moi
avec compassion, il sera mon refuge.

Śubhaśata vīcikaḷ anavaratam tava-
mizhiyiṇa tūkuvatillē
Atilōru kuññala yivanuṭe tanuvē (sans reprise)
tazhukuka yillē tāyē (2x)

Les étoiles jumelles de Tes yeux lancent d'innombrables rayons propices. Une petite vague de ces rayons viendra-t-elle caresser mon corps, O Mère ?

Mati yuzhalunnu manam alayunnu
tanuvum taḷaruka yāṇē
Tirukṛpa yozhike tuṇa yini yonnum
jananī kāṇmatum illē (2x)

Je suis désorienté, mon mental est agité, mon corps s'effondre. Je ne vois pas d'autre support que Ta grâce, O Mère.

Veṭiyukil ennuṭe jīvitam ammē
verutē yāyiṭu mōrkkū
tava tiruvaṭiyil śaraṇam aṭaññava-
nucitam itennō bhāvam (2x)

Rappelle-Toi que si Tu m'abandonnes, ma vie aura été vécue en vain. Ne suis-je pas digne de chercher refuge à Tes pieds de lotus ?

VYATHAYURAÑÑU

Vyatha yuraññu vikalamāya vīthiyil carikkavē
viṣaya dāhamagni pōle nāḷamuḷḷil nīṭṭavē
śama damaṅgaḷ kaiviṭunna śiśuvine tuṇaykuvān
śiva samīpam eppozhum vasikkum amba kaniyaṇē

Je marche sur un sentier parsemé de souffrances. Les flammes du désir charnel font rage en moi. Ma Mère, Toi qui demeures dans le Suprême, protège cet enfant qui délaisse les observances de la maîtrise du mental et des sens.

Tanu taḷarnnu tapam oralpavum tara peṭillini
manam alaññulaññu pōyi mantra japa vumāyiṭā
Manam aliññu nīyivaṇṭe nēreyonnu nōkkumō
tuṇa yivannu nin kaṭākṣam onnu mātram ambikē

Mon corps est épuisé, je ne suis plus capable de me livrer à des austérités.
Mon mental capricieux est fatigué et il m'est même devenu impossible de réciter le mantra. Tourneras-Tu vers moi Ton regard plein d'amour ?
O Mère, Ton regard miséricordieux est mon seul refuge.

Arivum illa balavum illa sādhanā diyum na mē
stutikaḷ pāṭuvān vicitra vākpaṭutvam illamē
Kadana bhāramēkuvān orittu kaṇṇunīrumē
kaṭhinamī hṛdantam aṅgozhukki ṭunnum illahō

Je ne possède ni connaissance ni pouvoir, je ne pratique pas de sadhana.
Je n'ai pas le don d'écrire pour célébrer Ta gloire. Mon cœur obstiné refuse de verser une seule larme pour T'abandonner ses souffrances.

Paraka ninnil ettiṭān ivannu sādhyam ākumō
karuṇa hētu venniye coriññiṭaykil nīyumē
Atinikṛṣṭa dīna hīnan oruvan eṅkilum śivē
tava kaṭākṣa vīkṣaṇam labhikkilō avan śivan!

O Mère, dis-moi, si Tu ne répands pas sur moi Ta miséricorde, y a-t-il un seul espoir pour le pécheur que je suis de jamais arriver jusqu'à Toi ? Celui sur qui Ton regard tombe devient Shiva !

YAMUNĀ TĪRA VIHĀRĪ

Yamunā tīra vihārī
vṛndāvana sañcārī
gōvarddhanō dhārī
gōpāla kṛṣṇa murārī

Celui qui s'amuse sur les rives de la Yamuna,
qui se promène dans Vrindavan,
qui a soulevé la montagne Govardhana...

Māyā mānuṣaveṣā ivane
māyārṇṇa vamatil āzhtarutē
Mānasa mōhana malaritaḷil
māyādhīśa vilasuka nī

O Seigneur, Tu prends une forme humaine en voilant Ta nature divine à l'aide de maya (l'illusion). Ne nous noie pas dans l'océan de maya.
Daigne briller dans mon cœur, O Seigneur de maya.

Satyattiṇṭe mukham darśippān
śānti manasssil kaḷiyaṭān
Tirupāda malaraṭi aṇayānāy
anumatiyēkū jagadīśā

Accorde-nous la vision de la Vérité ;
que la paix demeure dans mon cœur ;
laisse-moi me fondre dans Tes pieds de lotus.
O Seigneur, daigne exaucer ces désirs.

English bhajans

AMMA NIN RŪPAM (MOTHER CAN YOU HEAR ME?)

Amma, can You hear me?
Through tears I'm calling out Your Name.
Let me see You now, clearly in my mind.
Amma have mercy, answer my prayer.

Truth is hidden behind all we see.
I'm fooled believing Thy play.
Tortured and weary, my mind is on fire
with a burning desire for peace.
Set me free from this cruel illusion.
Show me what is real.
Wake me from this dream, purify my mind.
Amma, I'm waiting. Show me the way.

Hearing this prayer, do You not feel my pain?
Do these tears not melt Your heart?
Lonely and frightened, I've no one to turn to.
Mother please don't abandon Your child.
Like a river always seeks the ocean, I am seeking Thee.
Lead me to the goal. Never let me fall.
Amma! Please help me merge into Thee.

AMME YI JIVENDE

Oh my divine Mother, there is no one
other than You to dry these tears and set this soul free.
Oh Mother divine, at Your sweet Feet sublime,
this wayward soul finds its divinity.

Alas! This mind now wallows in deep sorrow, lost in illusion, not finding its goal. Mother, please bless me that I may embrace Thee tightly forever with pure devotion.

In this fearsome ocean of living and dying, the only refuge
is Your Lotus Feet. To cool the fire of fear and desire,
please sprinkle me with the nectar of Your love.

This little infant spends every moment by meditating upon Your Form. Don't keep me waiting! Draw me close to You and bestow tranquility on this poor soul.

AMṚTĀNANDAMAYI JAI JAI

Amritanandamayi, Holy Mother, Saviour, Guru Divine.
She is a river of Grace carrying us all to the ocean of Love.

Radiantly clothed all in white,
She illumines the world with Her light.
In Her beauty lives perfection, in Her heart only truth.

Melting each heart with Her smile,
gently showing that all are but one.
Goddess Shakti, ever-blissful, how divine Her grace.

Blessing the many that come,
She is taking their pain as Her own.

Guiding every soul to freedom in Her sweet embrace.

Pure is the joy that She gives
in Her wisdom supreme and divine.
She reveals the goal of life to those who look within.

DEVI SHARANAM

Please give me refuge oh Mother Divine.
Do not forsake me, most cherished One of mine.
The gods declare Thee the energy supreme.
Sing praises to Thee, the heavenly Queen.

Oh Universal Mother, Embodiment of Truth, Thou art the light and darkness, Thou art both age and youth.
The world's duality is unified within Thee.
Thine is the only form I can see.

I pray the pure and radiant form of Thine, will live inside my heart and there forever shine.
Please bless me with the taste not of fortune or fame,
But the bliss of always repeating Thy name.

Please let me see Thy light ever before my eyes.
Consider me Thy servant and remain in my mind.
While Thou art omniscient, I am ignorant still.
Hou can this helpless one follow Thy will ?

How many universes have been created by Thee ?
Millions of living beings are but waves in Thy sea.
The wondrous mystery of this perfect creation,
allows all beings to someday be free.

When each one realizes that life is naught but Thee,
detachment from the world will come so easily.

Like actors in a play when the last curtain closes,
they'll end the masquerade and merge into Thee.

Remover of illusion, I take refuge in Thee.
Attachment and aversion just lead to misery.
Protect me from sorrow, my Divine Mother Devi.
Oh Ruler of the World I bow at Thy feet.

ELLAM ARIYUNNA

There is no need to speak in words
to the Divine Mother.

Forever Mother will be walking beside us,
always seeing, and understanding.

All thoughts that dwell within the innermost self,
are not a secret from the Supreme One.

In truth all things that we do or say
are an expression of the Divine Self.

The Supreme power dwells in all,
and all are dwelling in Her.

May we remember to worship with joy,
the Divine Embodiment of Awareness and Truth.

FAITH BE MY COMPANION

Faith be my companion,
stay beside me all through the night.
Never let me be without You. Be my guiding light.

Truth reveal Your beauty. You're the essence of all I see.
Fill my mind with perfect wisdom. Teach me to be free.

Grace, You bring salvation,
pure compassion in every form.
Melt away my sorrows like the sun after a storm.

Peace, You are my refuge.
Like a gentle rain, You cool my mind.
Let me rest within the silence I have longed to find.

Love, You're like a fragrance,
giving sweetness to everything.
You're the reason for rejoicing, You're the reason I sing.

Faith be my companion, stay beside me all through the night.
Never let me be without You. Be my guiding light.
Be my guiding light, Amma, be my guiding light.

Truth, reveal Your beauty. You are the essence of all I see.
Fill my mind with perfect wisdom. Teach me to be free.
Teach me to be free, Amma, teach me to be free.

Grace, You bring salvation, pure compassion is Your Form.
Melt away my sorrows like the sun after a storm,
Sun after a storm, Amma, sun after a storm.

Peace, you are my refuge. Like rain, you cool my mind.
Let me rest within the silence I have longed to find.
I have longed to find, Amma, I have longed to find.

Love, the sweetest fragrance, you give me everything.
You're the reason for rejoicing, you're the reason I sing.
You're the reason I sing, Amma, you're the reason I sing.

Be my guiding light. / Teach me to be free.
You're the reason I sing.

HOW CAN I EXPRESS MY LOVE ?

How can I express my love for You,
Mother of the universe?
What words can I offer You
when You know my every thought?
Amma, I love You so much.
I yearn to feel Your touch in my heart, in my heart.

How can I express my gratitude, Mother of the universe?
What can I offer You that's not already Yours?
Amma, thank You so much for giving me
Your touch in my life, in my life.

Help me dedicate to You, Mother of the universe,
everything I think or say or do, every moment of my life.
Amma, I need You so much.
May I always remember Your your touch
in my heart, in my heart.

Holy Mother of the Universe...

ICHAMAYI

Mother, Your will is the source of the universe,
All that occurs is Your Divine play.

We foolish ones think we act on our own, Amma
You are the power behind all we do.

You are the One who creates and destroys again,
She who forms maya then sweeps it away.

Only with Grace can we carry these burdens,
Filled with Your love we abandon all fear.

Mother You serve us the fruits of our actions,
Sweet they may be, or so bitter and hard.
I am the carriage, You are the Driver, I am the house,
Amma, You dwell within.

Mother, I pray to surrender my life to You, laying my will at Your holy feet.

IRUL TINGI

In my heart I look for You, a fragrance in the dark.
O have I lost the honey; the sweetness of your love?
And the blossom that You placed so deep inside of me,
Amma, weeps in silence for your grace
to warm me in your light.

Was I born to cry out for You,
Mother of my soul, Amma?
I am yearning for true meaning and a path that's clear.
I wonder if it's fate that brings me close to You?
Yes, I can rest and be content that You are guiding me.

How do I know where to send my prayer
to reach your door, Amma?
If I whisper through my tears, will you be there to hear?
But can I trust and open to receive your care?
Still, through the fire of devotion I'll reach out to You.

Is it true that there is peace and bliss
within your arms, Amma?
I have seen the comfort in the eyes of those You hold.
Please help me to surrender all my misery.
Even that which I have hidden from my deepest memory.

ISHWARI JAGADISHWARI

Wondrous Goddess, precious Goddess,

giver of the gift of Grace, lighting fires of liberation,
please rid me of these many sorrows.
With its pleasures and its troubles,
I have seen this wordly life. Must I suffer like the moths,
who blindly fly into the fire's glow?

Trying to reach the destination, tragically I am standing
still. Anchored by the fear of death,
I am battered by the winds of desire.

I am pleading for Thy Grace to hold me firmly on the
path.
Mother who destroys all misery,
please remove this burden of sorrow.

What the eyes can see today, by tomorrow will not be
there. Clouded by illusion's veil,
what is real quietly remains.

Humbly I ask in prayer to know the fruit of human birth.
Merciful and radiant Goddess,
I will lovingly bow at Thy Feet.

MANASE NĪN SVANTAMAYI

O mind, become surrendered,
allow only truth to be your friend.
Nobody belongs just to you, no one is your own.

Round and round this world you wander,
not seeing the reason why you're here.
By doing such meaningless actions, you cannot escape.

As you listen to the praises of those who admire all you do, remember life passes quickly like leaves on a stream. After being celebrated, this body that carries you from birth will be an abandoned dwelling, forsaken by life.

On and on you struggle bravely,
fulfilling desires of those you love.
You sacrifice everything for them, including your life.

Even those who love you dearly cannot stay beside you after death. Your body they found so attractive now scares them away.
Captured in the snare of maya,
you're traveling a road that has no end.
Remember the Divine Mother, repeating Her Name.

Leaving behind all desires,
join in the eternal dance of bliss,
by singing to Mother Kali, Kali Mata.

MOTHER OF ALL

Mother of All, Mother of All, Amma, Mother of All.
I am your child, You have answered my call. (refrain)

Caught by desire, often I fall,
yet You've never forsaken me, Mother of All.
No, You have never forsaken me, Mother of All.

Round this wheel of illusion, through each trial that I face,
I feel You protecting me, keeping me safe.
I feel You protecting me, keeping me safe.

MOTHER OF LOVE

Mother of love pouring out Your smile
like a sweet rain of honey on me,
please take my darkness away,
come into my heart, Amma stay inside me.

You are the one in my mind, Oh Mother–
I'm constantly thinking of You,
eternal bliss and compassion
and beauty embodied, I'm bowing to You.

Opening up my heart wide,
as always I'm waiting inside there for You.
Bring Your light into my heart,
O bright-shining Goddess, with eyes lotus-blue.

Forever searching for love,
Amma–I was yearning for You to appear,
searching so far and so wide;

at last I became weak, and cried in despair.

No tears are left in my eyes,
for I am unable to cry anymore.
Mother I feel all my sins,
they're buring me deep down to my very core.

Please take this bondage and pain,
O Amma–please fill me with love nectar sweet.
Mother of Love, take this heart;
and make it a footrest for Thy Holy Feet.

OMKARA DIVYA PORULE 2

Come children, leave all your sorrow.
Find the truth that is dwelling within you.
Om is the essence of all you are searching for,
Om is you own true nature. Om... Om... Om... Om...

Sacred are words of the Mother,
in Her voice there is wisdom so tender.
She knows that you are the essence of love divine,
She has forever been with you.

Weary of feeling so lonely,
seek your refuge in oneness of spirit.
When you remember the many are really one,
darkness will vanish forever.

Always remember the teachings
that your Mother Divine has provided.
Bravely you'll face all the struggles that life can bring,
reaching the goal that you cherish.

Know that your mind is a burden,
it will steal your faith with its reason.
Treasure a heart that is pure and is innocent,
there you will see truth is shining.

Sharing your love and your kindness,
you can heal the wounds of the lonely.
Carry the lantern of peace for the world to see,
lighting the path of freedom.

Be not deceived by the wonders
that this world of illusion will offer.
Joy turns to sadness and pleasure will turn to pain,
only the truth is unchanging.

Slowly your Mother will free you
from this prision of thoughts and of ego.
Leading the way through the fire of worldliness,
holding your hand She will guide you.

OPEN MY HEART

Help me to open my heart to You,
losing myself I will melt into your arms.
Allow me to feel the peace of surrender,
filled with the joy of your love.

I feel such emptiness when You are far away.
Sadly I sit like a bird that cannot fly.
If I could behold your sweet form right inside me,
I'd never be lonely again.

Searching for happiness I've traveled many roads,
some have been joyful and some were full of pain.
Only when You hold me can I start believing
pure love can never go away.

Living in illusion I don't know what to feel.
If this is dreaming, why is the pain so real?
When will You give me a glimpse of the freedom
I've waited so long to see?

I am a prisioner of doubt and of fear,
bound like a slave on a boat I cannot steer.
How long must I sail on this sea of confusion
before You will carry me ashore ?

Mother, only You know the secrets of my heart,
only your eyes see the yearning in my soul.
Only to your ears can I tell all my sorrows,
knowing that you will always hear

PRANESHWARA

In this night filled with blue moonlight
In this night, with all my tears I made you a garland
and I am eagerly awaiting to adorn you.
Giridhari, I am awaiting you, Vanamali O...

In the silent quarter of the night,
the goddess presiding over night is sleeping
Am I the only one intently waiting
to hear the jingling of the anklets on your feet?
you, Vanamali Giridhari, I am awaiting O...

SRISHTIYUM NIYE

You are creation, You are creator,
You are the breath of life in all nature.

Devi, this universe begins and ends in You.
Yours is the power supreme, the highest truth.

You are within my heart, You are in all names and forms.
You are the rhythm of life, the ocean of bliss.
Divine, Divine, Mother Divine...

TEACH ME THE LANGUAGE

Teach me the language of Your heart
Only Your love will bring peace inside me.

Teach me the language of Your smile
Looking at you all my sorrows vanish.

Teach me language of Your voice
Help me to speak only words of kindness.

Teach me the language of Your eyes
Deep in Your gaze is the Truth I long for.

Teach me the language of Your light
Feeling Your strength I will fear no darkness.

Teach me the language of Your touch
Please let me stay in Your arms forever.

Teach me the language of Your heart
Only Your love will bring peace inside me.

Promise me that You will always guide me,
I need to know You are right beside me.
Teach me the language of Your heart.

YOU MEAN EVERYTHING TO ME

As a child needs a mother,
as a seed grows beside the tree,
deep inside I long to tell You,
You mean everything to me. (chorus)

From the rainfall comes the river,
from the river comes the sea,
all I need is to look upon You,
You mean everything to me.

As the valley has the mountain
watching over it silently,
I am grateful for Your presence,
You mean everything to me.

When the wind is full of sorrow,
there are souls longing to be free,
like the moon shining through the darkness,
You mean everything to me.

In the thunder lies a warning,
now awaken from the dream,
You're the fire of my yearning,
You mean everything to me.

In my heart I hear You calling,
You are holding my destiny,
on the path to eternal freedom,
You mean everything to me.

Table des Matières

www.ingramcontent.com/pod-product-compliance
Lightning Source LLC
Chambersburg PA
CBHW071206090426
42736CB00014B/2725
* 9 7 8 1 6 8 0 3 7 6 4 2 5 *